Primera edición: diciembre, 2006
3ª edición: julio, 2012

Diseño de colección y portada: Borja Goitia
Maquetación: Ainhoa Perez-Urdangarin
Fotografía: Juantxo Egaña e Itziar Iriarte
Traducción: Miren Arratibel

Nuestro más sincero agradecimiento a la familia Bilbao Sagastiberri y al restaurante Agorregi por su colaboración en la elaboración de este libro.

Portuetxe kalea, 88 bis
20018 Donostia
Tel: 943 31 02 67
Fax: 943 31 02 16
ttarttalo@ttarttalo.com

ISBN: 978-84-9843-017-2
L.G.: SS 1112-2012

Impresión: Leitzaran Grafikak, S.L. Gudarien Etorbidea, 8, Andoain (Gipuzkoa)

50 plantas buenas

NEKANE MARTIARENA

A mi padre, Esteban

Con mi agradecimiento a Olatz Osa, por confiar en mí a la hora de escribir este libro; a Txiliku, por sus atinados consejos y por su ayuda; a mi pareja, Xabier Etxeberria, por crear y cocinar las recetas que recoge este libro, y a Itziar Bandres, por su habilidad en la decoración de los platos.

Un mundo fascinante

Durante mucho tiempo, el ser humano ha vivido en estrecha relación con las plantas que lo rodean y, gracias a esa relación, pronto aprendió que muchas de ellas tienen propiedades curativas.

Si prestamos un poco de atención al comportamiento de los animales domésticos de nuestro entorno, nos daremos cuenta de cómo emplean los gatos y perros diversas plantas para curar sus problemas de salud. Ambos son animales carnívoros y, por lo general, no se sienten atraídos por los vegetales; sin embargo, en ocasiones, y forzados por problemas de salud, hacen uso de ellas como medio de curación. Según el tipo de planta y la dosis que ingieran, éstas pueden provocarles tos o vómitos, o servirles como purgante intestinal.

Según los estudiosos del comportamiento y del carácter animal, cuando una serpiente muerde a un sarrio, éste comienza enseguida a buscar titímalos (planta de la familia de las euforbiáceas). El sarrio, por ejemplo, jamás come este tipo de planta, porque contiene un látex blanco que resulta muy laxante y bastante tóxico; sin embargo, nada más sentir el mordisco de la serpiente, ingiere dicha planta para expulsar inmediatamente el veneno de su cuerpo (junto con todo lo demás). Los lobos proceden de la misma manera con el aro: husmean en busca del bulbo de esta planta laxante.

Y cabe mencionar, asimismo, el ejemplo de los cervatillos, que han aprendido que la azucena silvestre es inmejorable para afrontar el frío...

La relación con los animales ha impulsado al ser humano a buscar con insistencia y, finalmente, encontrar el camino para curar y aliviar muchos de sus males mediante las plantas. Además, el ser humano se vale de otra forma para transmitir sus conocimientos: el lenguaje. Mediante la transmisión oral han llegado hasta nosotros y se han extendido los conocimientos sobre las plantas medicinales.

Es probable que antiguamente se estudiara toda esa sabiduría tomando como única base el empirismo. ¡Cuántas plantas se habrán probado a lo largo de la historia para conocer sus propiedades y efectos! ¡Y cuántos dolores de tripa habrán sufrido muchos de esos "catadores" para llegar a dar con el uso adecuado de cada planta!

Más adelante, los aficionados a las plantas comenzaron a prestar atención al aspecto y a las características de las mismas y analizándolas detalladamente es como consiguieron adivinar la utilidad de cada una de ellas: la hoja de la hepática se parece a un hígado, por lo que debe de ser buena para este órgano; la pulmonaria, con esas manchas en sus hojas, se parece al tejido pulmonar, por tanto, puede resultar eficaz para curar diversas afecciones pulmonares... ¿Para que puede ser útil la celidonia, con esas raíces hinchadas en forma de cascabel?

La tradición, en su larga trayectoria, confirmó el poder curativo de esta o aquella planta, y el "oficio" de curar con plantas tomó el camino de la ciencia. En ese largo camino, resultó fundamental la ayuda de la Química, sobretodo a partir de que esa ciencia descubriera que eran los componentes o principios activos de las plantas las substancias que influían en la salud corporal. Así, las plantas llegaron a ser imprescindibles en las farmacias y en los sanatorios.

Es cierto que posteriormente la propia química y la industria farmacéutica se impusieron a las plantas y que se han empleado principios activos extraídos de plantas y animales (ya sea en estado puro o en forma de compuesto) como fármaco, hasta llegar a los compuestos sintéticos, producto de la moderna industria. No obstante, siempre contaremos con la inestimable ayuda de las plantas medicinales, que seguimos empleando para curar o aliviar numerosas enfermedades, malestares y achaques.

El mundo de las plantas medicinales es, sin duda, un mundo fascinante y precioso, capaz de producir una profunda admiración a todo aquel que tenga un mínimo de inquietud, y que se encuentra, además, al alcance de cualquiera. Pero se trata, asimismo, de un mundo que exige el máximo respeto y cuidado. Los principios activos de las plantas pueden resultar peligrosos y difíciles de controlar, y no sólo los de las plantas exóticas, psicotrópicas o venenosas; también los de numerosas plantas comunes que encontramos en nuestro entorno. He aquí, pues, tres consejos que no deberíamos olvidar nunca:

1) Debemos conocer perfectamente la planta, antes de darle uso terapéutico alguno. Es imprescindible que la diferenciemos bien de las demás, de manera que no exista posibilidad alguna de confusión.

2) Debemos tratar de recolectar las plantas en el entorno más natural posible. No recoger plantas en caminos polvorientos ni lugares contaminados por la polución (proveniente de la agricultura, de la industria...).

3) Debemos tener en cuenta que las plantas contienen una serie de componentes activos cuyo efecto varía según el tipo de planta y la dosis utilizada. Las plantas medicinales han de emplearse siempre respetando las dosis adecuadas y con mucha precaución.

"50 hierbas buenas" de Nekane Martiarena ofrece una inmejorable oportunidad para adentrarse en el fascinante mundo de las plantas medicinales. Gracias a él, el lector podrá dar un gran paso para conocer el mundo de las plantas. Más aún, proporciona la posibilidad de dar ese primer paso de gigante que resulta imprescindible al comenzar a profundizar en cualquier materia; es fácil de leer, pero, al mismo tiempo, ofrece información concreta y adecuada. Esta obra se convertirá en una herramienta de consulta indispensable en las salidas al monte o al campo.

Txiliku

Llantén

Plantago lanceolata, major, minor

Plantaina

floración

Enero | Febrero | Marzo | Abril | Mayo | Junio | Julio | Agosto | Septiembre | Octubre | Noviembre | Diciembre

Existen numerosas variedades de llantén, pero éstas son las más conocidas: llantén mayor, mediano y menor.

Las hojas y las flores varían según la especie. Así, el llantén menor (*P. lanceolata*) tiene las hojas largas; el llantén mayor (*P. major*) tiene las hojas anchas y grandes; y el llantén mediano (*P. media*) tiene hojas anchas pero pequeñas.

La especie lanceolata tiene hojas largas, con forma de espada (o lanza) y 3-7 nervios verticales paralelos, muy marcados.

Todas las hojas nacen de una cepa o raíz que se encuentra enterrada bajo tierra y aparecen agrupadas formando una roseta basal. Tienen un largo pedúnculo, más largo incluso que la propia hoja.

Florece en primavera y permanece en flor durante todo el verano.

Las flores son blanquecinas y forman una espiga cilíndrica.

Se trata de una planta muy conocida. La variedad de llantén más utilizada es la de hojas alargadas. Se ha empleado en Euskal Herria desde la antigüedad y es muy popular.

Pertenece a la familia de las plantagináceas.

INDICACIONES Y USOS: Se utiliza principalmente contra el catarro.

Para catarros, tos, afecciones de las vías respiratorias, dolor de garganta, afonía o faringitis, se pueden tomar infusiones o jarabes de llantén. Las infusiones se pueden beber o emplear como gargarismo.

Pero es útil en otros muchos casos, como pequeñas heridas, quemaduras, herpes, picotazos... En estos casos, machacar la planta y aplicar directamente, es decir, en forma de cataplasma. Renovar dos o tres veces al día. Otra posibilidad consiste en hervir las hojas un par de minutos, poner las hojas sobre la zona afectada y cubrir con un paño.

En caso de sufrir hemorroides, proceder de la misma manera.

Para curar encías sangrantes, dolor de muelas o diversas afecciones bucales, realizar enjuagues de infusión o hacer gárgaras.

Para el dolor de oído, coger unas plantas de llantén, limpiar bien y machacar. Añadir un poco de agua. Envolver todo en un paño y escurrir, para exprimir el máximo jugo posible. Echar un par de gotas de ese jugo en el oído. El jugo puede utilizarse durante 24 horas; transcurrido ese tiempo, hay que renovarlo.

También se aplica en caso de sufrir orzuelos o conjuntivitis, o contra la hinchazón y el cansancio ocular, realizando lavados oculares con infusión. Se requieren 40 gramos de llantén por litro de agua. Hervir durante 3 minutos. Se puede mezclar con agua de rosas.

Para detener diarreas, hervir 30 gramos de hojas en un litro de agua y dejar reposar, tapado, un par de minutos. Colar bien y beber 2-3 vasitos diarios.

RECOLECCIÓN: La parte utilizada es la hoja. Se puede encontrar llantén en campos, caminos y cultivos, entre otros. Para secar la planta, es preferible recolectarla cuando está en flor y depositarla en un lugar sombrío. Cuando se haya secado, es posible conservarla durante todo el año, envuelta en paños.

USO COMESTIBLE: No hay costumbre de comer llantén, pero es comestible. Se puede comer crudo, en ensalada, o cocido, junto con otras verduras.

PRINCIPIOS ACTIVOS: Mucílagos, taninos, vitamina C, potasio, sales minerales...

APLICACIONES: Jarabes, infusiones, ungüentos, cataplasmas, jugos, tinturas...

UNGÜENTO DE LLANTÉN (cicatrizante, para curar picotazos, psoriasis, etc.): Poner a fuego lento 40 gramos de vaselina, 20 gramos de cera, 40 gramos de infusión de llantén y otros 40 gramos de hojas de llantén. Mezclar bien y, cuando todo esté derretido, apagar el fuego, retirar las hojas, colar bien y guardar en tarros.

INFUSIÓN: Hervir 25-30 gramos de llantén en 1 litro de agua durante 3 minutos.

CATAPLASMAS: Machacar 5-6 hojas grandes de llantén, envolver en un paño y aplicar la cataplasma sobre la zona a tratar, 2-3 veces al día.

JARABE (para catarros, tos, afecciones de garganta, tomando un par de cucharaditas diarias durante 4 o 5 días): Poner 300 gramos de hojas de llantén a calentar, a fuego lento, con 150 gramos de azúcar, 150 gramos de miel y un poco de agua, hasta formar un líquido espeso. Colar y, cuando se haya templado, envasar en tarros de vidrio.

PUEDE UTILIZARSE JUNTO CON LAS SIGUIENTES PLANTAS: Eucalipto, malva, tusilago, zurrón del pastor, saúco, verbena, ortiga...

flor de primavera

Primula officinalis, P. veris

San Jose lorea

Enero | Febrero | Marzo | Abril | Mayo | Junio | Julio | Agosto | Septiembre | Octubre | Noviembre | Diciembre

floración

Planta que florece en primavera o algo antes, anunciando así la llegada de la primavera. Es conocida también como lirio de pascua.

Tiene una raíz muy gruesa, de la que parten numerosas raíces menores. Las hojas son basales; brotan de una ramita, formando una especie de roseta.

Las hojas son ovaladas, de color verde en su parte superior y blanquecinas por la inferior. Tienen un nervio principal en el centro, del que salen, a izquierda y derecha, otros nervios secundarios menores. Las hojas son vellosas y algo lobuladas, pero sin llegar la irregularidad hasta el nervio central. Son bastante gruesas.

Las flores se encuentran situadas en el extremo superior de un tallito que sobresale de la roseta de hojas. Este tallo carece de hojas. Las flores son de color amarillo y pueden aparecer en solitario o agrupadas en racimos de 8-12 flores. Están compuestas por 5 pétalos, miran al sol y son muy aromáticas.

El fruto se encuentra escondido en el cáliz.

Es muy conocida, no tanto como planta medicinal, sino como flor.

Pertenece a la familia de las primuláceas.

INDICACIONES Y USOS: Las partes utilizadas son las hojas, las raíces y las flores.

Tiene propiedades sedantes. Así, en casos de nerviosismo, insomnio, dolor de cabeza o problemas y afecciones nerviosas, la infusión produce un efecto relajante.

También alivia diversos dolores, como dolores menstruales, dolores de tripa, reumáticos, artríticos, y de hematomas, esguinces, quemaduras, golpes… En todos estos casos se recomienda utilizar el emplasto de raíces. Además de aliviar el dolor, mejora el riego sanguíneo. Cocer unos 50 gramos de raíz en 1 litro de agua durante 10 minutos, y aplicarlo, caliente, sobre la zona dolorida.

Se puede aplicar, también, en forma de aceite, realizando friegas 2-3 veces diarias en la zona a tratar.

Es una planta expectorante y actúa contra la tos, la bronquitis… Se puede comenzar a tomar infusiones cuando se sientan los primeros síntomas asmáticos, de bronquitis o gripales. Cocer unos 20 gramos de raíz en 1 litro de agua durante 10 minutos, y dejarlo reposar, tapado, otro 10 minutos. Se pueden tomar 3-4 vasitos al día endulzados con miel o azúcar.

Las flores contienen propiedades diuréticas. Ayudan a expulsar cálculos del riñon y también están indicadas en problemas renales. Preparar una infusión de flores y tomar 3-4 veces al día. Para preparar la infusión, emplear 25 gramos de flor por litro de agua; se cuecen durante un par de minutos y se dejan tapadas otros 10 minutos.

RECOLECCIÓN: Sólo se encuentra en primavera, por lo que es conveniente recogerla en esa época y conservarla todo el año. Sus principios activos son más efectivos cuando la planta se encuentra en flor, por lo que se recomienda cogerla en ese momento para proceder a secarla. Para secar la planta, esparcirla sobre un papel en el suelo o colgarla. Las raíces precisarán de más tiempo de secado, puesto que son más duras que el resto de las partes utilizadas. Antes de ponerla a secar, conviene limpiarla. Una vez seca, guardarla en un lugar seco y oscuro, en tarros o paños; renovarla cada año.

La flor de primavera crece en prados, caminos y laderas abruptas, entre otras zonas.

USO COMESTIBLE: La flor de primavera es una planta comestible. Sus hojas se comen tanto crudas como cocidas. Al principio, son bastante insípidas, pero con el paso del tiempo se van amargando ligeramente.

PRINCIPIOS ACTIVOS: Vitamina C, saponinas, primaverina, primulaverina, etc.

APLICACIONES: Se puede aplicar en forma de tintura, vino, infusión y aceite.

ACEITE DE FLOR DE PRIMAVERA: Este aceite posee unas características muy similares a las del aceite de árnica. Uso: golpes, torceduras, reuma, quemaduras, etc.

Poner hojas de flor de primavera en un recipiente y cubrir con aceite de oliva. Dejar macerar en un lugar soleado, un mes. Remover bien a diario, para que los ingredientes se mezclen bien. Al cabo del mes, colar bien con un paño a otro recipiente. Una vez colado el aceite, escurrir el paño con las manos, para exprimir el máximo jugo posible.

EMPLASTOS: Se preparan a base de raíces. Cocer 50 gramos de raíz en 1 litro de agua durante 10 minutos y dejar reposar, tapado, durante otros 10 minutos. Tomar 2-3 veces al día.

INFUSIONES: Hervir 25 gramos de planta por litro de agua durante 5 minutos. Se puede tomar la infusión 2-3 veces al día.

PUEDE UTILIZARSE JUNTO CON LAS SIGUIENTES PLANTAS: Manzanilla, anís, regaliz.

hierba de San

Geranium robertianum

zaingorria

Enero | Febrero | Marzo | Abril | Mayo | Junio | Julio | Agosto | Septiembre | Octubre | Noviembre | Diciembre

floración

Planta de un color rojizo muy característico. Suele ser de color rojo intenso, con el tallo del mismo color, pero las hojas pueden ser rojas o verdes. El tallo suele medir 20-30 centímetros de altura y las hojas, flores y frutos se encuentran situados alrededor de éste.

Se trata de una planta muy ramificada y nudosa; en los nudos es especialmente notable el color rojizo.

Las hojas se componen de tres o cinco partes, cada una de las cuales está dividida a su vez en varios lóbulos. Son muy finas.

Las flores florecen de una especie de cáliz y pueden ser rosadas, rojas o moradas.

Los frutos terminan en una especie de pico alargado.

Toda la planta es muy vellosa. Tanto hojas, como los frutos y el tallo se encuentran recubiertos de pequeños pelillos.

Se trata de una planta muy abundante y muy conocida en nuestra tierra.

Pertenece a la familia de las geraniáceas.

Roberto

INDICACIONES Y USOS:

A excepción de las raíces, se utiliza casi toda la planta: tallo, hojas y flores.

Está indicada en diversas dolencias, pero sus principales aplicaciones son las siguientes: cicatrizante o hemostática, y antidiarreica.

Para heridas, golpes, úlcera, eccemas o problema cutáneos, se puede aplicar en forma de cataplasma. Machacar bien, envolver en un paño o gasa y aplicar en la zona afectada. Tiene propiedades cicatrizantes. En esos casos también se puede hacer una infusión y lavar bien la herida.

Esta planta es hemostática y ayuda a detener hemorragias de encías, de úlceras o de garganta, en caso de aftas, anginas... Para beneficiarse de este efecto, hacer gárgaras. Para ello, cocer 30 gramos de planta en 1 litro de agua durante 5 minutos. Hacer gárgaras con ese líquido, unas 3 veces al día. Si se padece de la garganta, beber el líquido; si la infusión resulta muy amarga, se puede endulzar con un poco de miel.

También es útil en hemorragias internas: úlceras de estómago, hemorragias intestinales, pulmonares... En este caso, en lugar de hacer gárgaras, beber el líquido de la infusión. Para tratar y curar úlceras intestinales, hacer una infusión y beber 3 veces al día.

Para detener la diarrea, hervir 30-40 gramos de planta –fresca, preferiblemente– en 1 litro de agua y tomar 2-3 veces al día.

Gracias a sus propiedades diuréticas, ayuda a deshacer los cálculos renales. Para ello, dejar macerar una cucharada de hierba de San Roberto por vaso de agua durante 8 horas. Después, colar bien y beber durante el día.

RECOLECCIÓN: A la hierba de San Roberto le gustan las paredes, por lo que crece cerca de la muros y paredes. También en lugares húmedos y sombríos. Se cría, asimismo, al borde de los caminos y entre zarzas. Rara vez arraigará en un prado.

Sus flores brotan en primavera y verano.

Se puede secar, para conservarla; para ello, hay que recogerla cuando está en flor y colgarla en un lugar sombrío. Una vez seca, se guarda entre paños. No obstante, es posible encontrarla durante casi todo el año, por lo que no es necesario secarla.

PRINCIPIOS ACTIVOS: Taninos, aceites, geranina, linalona...

APLICACIONES:
Se puede aplicar en forma de infusiones, cataplasmas, ungüentos, tinturas, etc.

TINTURA (para anginas, aftas, y como enjuague oral): Tener 100 gramos de planta en 600 mililitros de alcohol de 70 grados durante dos semanas. Remover a diario, y, al cabo de las dos semanas, colar bien y guardar en una botella.
Echar 15 gotas de esa tintura en un vasito, 2-3 veces al día, y hacer gárgaras.

CATAPLASMAS: Coger 20 gramos de planta y machacar bien. Envolver en un paño y aplicar la cataplasma sobre la zona a tratar, 2-3 veces al día, hasta que la afección desaparezca.

INFUSIONES: Utilizar 30-40 gramos de flor por litro de agua. Beber 2-3 vasitos diarios.

PUEDE UTILIZARSE JUNTO CON LAS SIGUIENTES PLANTAS:
Malva, malvavisco, tomillo, cincoenrama...

hipérico

Hypericum perforatum

santio belarra

Enero | Febrero | Marzo | Abril | Mayo | Junio | Julio | Agosto | Septiembre | Octubre | Noviembre | Diciembre

floración

Planta también conocida como hierba de San Juan, porque brota en esa época.

Puede llegar a alcanzar un metro de altura, pero suele medir 30-60 centímetros. De un tallo principal muy erecto, nacen varias ramitas y hojas, a izquierda y derecha, opuestas. De las ramas también brotan hojas opuestas. Las hojas carecen de peciolo, nacen directamente de la rama. Se trata de una planta muy ramificada.

Las hojas son ovaladas y, al mirarlas a contraluz, se aprecian numerosos puntitos o agujeritos en ellas.

Las flores son de color amarillo y están compuestas por cinco pétalos, ligeramente distantes entre sí.

Se trata de una planta muy abundante en nuestra tierra.

Pertenece a la familia de las gutíferas, compuesta por cientos de plantas.

INDICACIONES Y USOS: Es una planta que se conoce desde hace tiempo, tanto en su uso externo como en el interno. Por lo que respecta a este último, es recomendable no excederse en las cantidades indicadas y no realizar tratamientos prolongados.

Tiene propiedades estimulantes, por lo que se utiliza en casos de depresión, melancolía...

Para combatir el asma, problemas de bronquios o de tráquea, catarros..., beber infusiones como sedante. También ayuda dar friegas de aceite de hipérico en el pecho, la espalda o la garganta, entre otros.

Para activar la circulación, beber infusiones; realizar friegas con aceite, en caso de padecer varices; para las hemorroides, realizar lavados con infusión.

En problemas intestinales, gases, ardor de estómago, digestiones difíciles, beber infusiones.

En su uso externo se emplea para aliviar dolores reumáticos, ciática, lumbago, dolor de oídos, dolores musculares, etc. Para ello, hay que aplicar friegas de aceite de hipérico en la zona afectada. Para combatir el dolor de oído, echar un par de gotas al oído.

Como cicatrizante, en golpes y en quemaduras: triturar bien las hojas y aplicar en forma de cataplasma sobre la zona a tratar. Aplicar 3-4 veces al día. O poner gasas untadas en aceite de hipérico sobre la zona afectada.

APLICACIONES: Se puede aplicar de muy diversas formas, como infusión, aceite, jarabe, polvos, tintura, vino o ungüento.

ACEITE DE HIPÉRICO (calma el dolor, aplicando friegas; en caso de reuma, ciática...): Mezclar medio litro de aceite de oliva y 150 gramos de flor de hipérico, y dejar macerar al sol durante un mes, aproximadamente. Revolver bien todos los días. Al cabo de ese tiempo, colar bien y guardar en un tarro.

INFUSIONES: Para uso interno, utilizar 15-20 gramos de hojas y flores por litro de agua. Se puede tomar la infusión 3 veces al día. Hay que señalar, no obstante, que no conviene excederse en la dosis; es importante respetar las cantidades y la frecuencia de administración.

CATAPLASMA: Triturar un puñado de hojas, envolver en un paño y aplicar sobre la zona a tratar.

PUEDE UTILIZARSE JUNTO CON LAS SIGUIENTES PLANTAS: Espino blanco, manzanilla, caléndula, lavanda, laurel.

A MODO DE CURIOSIDAD: En la Edad Media se decía que esta planta ahuyentaba el mal.

RECOLECCIÓN: Su período de floración va de mayo a julio-agosto. Crece al borde de los caminos, en praderas, lugares secos y soleados, tanto en zonas costeras como montañosas. Los tratamientos se realizan a base de flores, pero también se pueden emplear hojas. Para conservarlas durante todo el año, recoger la planta cuando haya florecido totalmente, secarla colgada y guardarla en recipientes o paños.

Conviene evitar exponerse al sol después de la toma de esta planta, pues puede producir manchas en la piel, por un efecto de fotosensibilización.

PRINCIPIOS ACTIVOS: Hipericina, flavonas, hiperósidos, taninos.

hiedra terrestre

Glechoma hederacea

amuntza

Enero | Febrero | Marzo | Abril | Mayo | Junio | Julio | Agosto | Septiembre | Octubre | Noviembre | Diciembre

floración

Planta terrestre, rastrera, que puede alcanzar los 50 centímetros de altura. Algunos tallos se empinan en sentido vertical y de ellos brotan las flores.

Las hojas son pecioladas, dentadas, acorazonadas, de color verde, y con unos nervios muy marcados. Son opuestas y nacen a derecha e izquierda del tallo.

Las flores son azules-moradas o blancas. Brotan desde el mismo punto que las hojas; florecen entre 2-3 y 5 al mismo tiempo y en un mismo punto.

Se trata de una planta muy vellosa y aromática, muy conocida en Euskal Herria.

Pertenece a la familia de las labiadas.

INDICACIONES Y USOS: Se utiliza principalmente para curar catarros, tos, bronquitis y otros problemas de las vías respiratorias. Se puede tomar en forma de infusión o jarabe, o como zumo. Para preparar las infusiones, emplearemos 20-25 gramos de planta por litro de agua.

Para curar heridas, afecciones dermatológicas o forúnculos, aplicar cataplasmas o realizar lavados con una infusión.

RECOLECCIÓN: Las partes utilizadas son las hojas y las flores. La planta florece en mayo y junio. Para secarla, lo mejor es recogerla a finales de junio; hay que depositarla en un lugar sombrío y, una vez seca, se puede guardar durante todo el año en un recipiente o envuelta en un paño.

Se halla en campos, caminos, tapias..., en lugares húmedos.

USO COMESTIBLE: No hay costumbre de comer esta planta, pero es comestible. Tiene un sabor bastante fuerte. Se puede comer en ensalada o mezclada con otras verduras.

PUDIN DE HIEDRA TERRESTRE (para cuatro personas): 1 lata grande de espárragos, 2 huevos, 50 gramos de hoja de hiedra, nata.

Limpiar las hojas de hiedra terrestre, trocear y freír con aceite de oliva.

Quitar el agua a los espárragos y batir un poco con la nata, los huevos, la hiedra y una pizca de sal.

Verter la mezcla en un molde de pudin. Cocer en el horno, a 180 grados, unos 45 minutos.

Dejar enfriar y desmoldar.

PRINCIPIOS ACTIVOS: Taninos, colina, gleconina, saponinas...

APLICACIONES: Se pueden preparar cataplasmas, infusiones, zumos y jarabes.

CATAPLASMAS (para heridas, forúnculos y diversas afecciones dermatológicas): Trocear bien la planta y envolver en un paño; aplicar sobre la zona afectada. Se puede aplicar la cataplasma un par de veces al día.

ZUMOS (para catarros, tos, bronquitis y problemas de las vías respiratorias):
Coger un manojo de hiedra y triturar en el mortero; envolver en un paño. Después, escurrir bien la tela para extraer el jugo. Tomar una cucharada pequeña de ese zumo 2-3 veces al día.

INFUSIONES (para catarros, tos, bronquitis y problemas de las vías respiratorias): Hervir 20-25 gramos de hiedra terrestre en 1 litro de agua durante un par de minutos. Se puede tomar la infusión 2-3 veces al día.

PUEDE UTILIZARSE JUNTO CON LAS SIGUIENTES PLANTAS: Geranio, cincoenrama, verbena, saúco, llantén...

parietaria

Parietaria officinalis

pareta-belarra

Enero | Febrero | Marzo | Abril | Mayo | Junio | Julio | Agosto | Septiembre | Octubre | Noviembre | Diciembre

floración

Planta de entre 20 y 80 centímetros de altura, de abundantes hojas. Es conocida también con el nombre de hierba del muro o vidriola.

Las hojas son ovaladas y alternas, de color verde brillante por su cara externa y mates por su cara interna. Están unidas al tallo mediante un pequeño rabillo; es decir, no parten directamente del tallo. Tienen unos nervios muy marcados.

Las flores pueden ser de color verde o rojizas y son muy pequeñas. Nacen en la axila de las hojas. Florecen en junio y julio, según la zona, y permanecen en flor hasta septiembre-octubre.

Se trata de una planta bastante vellosa.

Muy extendida y utilizada en Euskal Herria desde siempre, es muy popular.

Pertenece a la familia de las urticáceas.

INDICACIONES Y USOS: Es utilizada principalmente como planta hepática. Ayuda a bajar la inflamación del hígado, lo drena y protege sus células. Es una de las plantas más útiles para regular la función hepática. Se toma en forma de infusión. Para ello, se hierven 30-40 gramos de planta en 1 litro de agua, durante 5 minutos. Al cabo de ese tiempo, se cuela bien y se guarda el agua en el frigorífico. Cada mañana bebere un vasito caliente, en ayunas; se puede endulzar con un poco de miel. Realizar ese tratamiento durante 9 días. Se recomienda no beber alcohol durante ese período.

En forma de cataplasma o emplasto actúa como cicatrizante y antiséptica y ayuda a curar pequeñas quemaduras y forúnculos. Coger la planta fresca, limpiar bien y trocear. Aplicar sobre la zona a tratar 2 o 3 veces diarias.

En caso de restos de acné, piel reseca o irritación del cutis, refrescar la piel, realizando lavados. Dejar macerar un puñado de parietaria, unos 30 gramos, durante toda la noche. Poner la planta en un recipiente y añadir agua hasta cubrir la planta completamente. Al día siguiente, limpiar el cutis con ese agua; realizando esta operación a diario, se consegue mantener un cutis fresco.

Por sus propiedades diuréticas, se emplea en casos de retención de líquido, para favorecer la secreción de la orina. También es recomendable contra la inflamación de los órganos del tracto urinario. Se aplica en forma de infusión, tomando infusiones en ayunas, durante 9 días.

RECOLECCIÓN: Las partes utilizadas son las hojas y el tallo; es decir, todo aquello que emerge del suelo. Como su nombre indica, se cría en paredes o muros. Se puede encontrarla al pie o encima de muros, en caseríos, entre rocas, en los bordes de los caminos... No es frecuente hallarla en praderas.

Para secarla, es conveniente recogerla en primavera u otoño; después de secarla en un lugar sombrío, conservarla durante todo el año envuelta paños.

USO COMESTIBLE: No hay costumbre de comerla, pero es comestible. Se puede ingerir cocida, acompañada de otras verduras, cruda en ensalada o a modo de sopa. Para el uso comestible, elegir siempre las hojas más bonitas, frescas y jóvenes. Dado que también crece en la parte alta de las paredes, es aconsejable recogerla de las alturas, con lo que se asegura que no contiene orines de perro.

TORTILLA DE PARIETARIA (para cuatro personas): 25-30 gramos de hoja de parietaria, 200 gramos de setas, 100 gramos de ajos frescos y 5-6 huevos.

Poner al fuego, en una sartén, las setas troceadas, con 3-4 cucharadas de aceite. Cuando se hayan dorado, añadir el ajo fresco troceado y la parietaria cortada. Mezclar todo. En otro recipiente, batir los huevos. Quitar el máximo de aceite posible de la sartén y añadir a los huevos batidos. Salar. Hacer la tortilla.

PRINCIPIOS ACTIVOS: Taninos, sales de potasio, azufre, nitrato potásico...

APLICACIONES: La parietaria se puede aplicar de muy diversas formas: ungüentos, tinturas, cataplasmas, infusiones, vinos, polvos, jarabes, jugos...

INFUSIONES (como refresco para eliminar toxinas en verano, elaborado a base de esta planta que posee propiedades hepáticas): Poner a cocer 35 gramos de parietaria en 1 litro de agua media hora. Cuando haya hervido, endulzar con miel o aderezar con el jugo de un limón. Conservar en el frigorífico. Beber un par de vasos diarios durante un máximo de 7-9 días.

CATAPLASMAS (para cicatrizar heridas y curar pequeñas quemaduras o forúnculos...). Coger 35 gramos de parietaria y machacar bien. Envolver en un paño y aplicar la cataplasma sobre la zona a tratar, 2-3 veces al día, tantos días como resulte necesario.

PUEDE UTILIZARSE JUNTO CON LAS SIGUIENTES PLANTAS: Cola de caballo, romero, llantén, malva.

ortiga

Urtica dioica, U. urens...

asuna

floración

Enero | Febrero | Marzo | Abril | Mayo | Junio | Julio | Agosto | Septiembre | Octubre | Noviembre | Diciembre

Aunque existe la creencia de que hay una única especie de ortiga, las hay de distintos tipos. Las variedades más conocidas por sus usos medicinales son la especie *Urtica dioica* y la *Urtica urens*.

Las dos poseen propiedades similares. La especie *dioica* es de mayor tamaño que la *urens* y puede llegar a medir un metro de altura, en cuyo caso suele tener el tallo bastante grueso. La *Urtica urens* es más pequeña.

Dentro de la *Urtica dioica* se pueden distinguir individuos machos y hembras; en el caso de la *urens*, sin embargo, la misma planta da flores tanto machos como hembras.

Ambas tienen el tallo y las hojas cubiertas de una especie de pelitos urticantes que son los que producen picor al tocar la ortiga.

La *dioica* florece en mayo y junio y permanece en flor durante todo el verano. Mediante las flores se puede distinguir si la planta es masculina o femenina.

La ortiga es muy conocida y se utiliza desde la antigüedad; se trata, además, de una planta muy abundante. Gracias a estas características, se puede considerarla una de las hierbas medicinales más populares.

Pertenece a la familia de las urticáceas.

INDICACIONES Y USOS: Su principal función es la de ayudar a mantener el organismo sano, sobre todo la sangre, el estómago, los intestinos, los pulmones y los riñones, por sus propiedades depurativas, diuréticas... Pero resulta muy útil en distintas afecciones.

Ayuda a mejorar y activar la circulación. Se utiliza mucho en problemas relacionados con la sangre: hemorroides sangrantes, hemorragias tanto internas como externas, flujo menstrual abundante... La ortiga puede aplicarse de diversas formas, pero en su uso externo se aplica como jugo o infusión, para realizar lavados. Coger un manojo de ortigas y lo triturarlo en un mortero. Después, envolverlo en un paño y tratar de exprimir el máximo jugo posible. Realizar lavados empapando una gasa en el jugo de ortiga; si se sangra por la nariz, introducir la gasa ligeramente en la fosa nasal. Para beber infusión de ortiga, cocer unos 40 gramos de planta en 1 litro de agua durante 15 minutos aproximadamente.

Se considera una planta mineralizante, por lo que es muy recomendable comer ortiga o beber infusiones de ortiga en caso de padecer anemia.

Dado que ayuda a bajar la cantidad de azúcar en la sangre, es también muy útil en casos de diabetes. Cocer unos 40 gramos de ortiga en 1 litro de agua y beber esa infusión. De todas formas, en caso de padecer ese tipo de problemas (diabetes, por ejemplo), es conveniente ponerse en manos de un experto antes de realizar cualquier tratamiento.

En casos de reuma, esguinces, torceduras, ciáticas y lumbagos: coger un manojo de ortiga y frotar bien sobre la zona afectada. Después, cubrir con una venda, toalla o similar; ese calor activará la circulación sanguínea.

Para evitar la caída del cabello, combatir la caspa, o en caso de tener el cabello débil, se puede aplicar un champú de ortiga u ortiga y romero; también resulta eficaz aclarar el pelo con agua de ortiga.

Asimismo, está indicada en afecciones de las vías respiratorias o bronquitis, en las dosis mencionadas anteriormente. Los más atrevidos se restriegan el pecho y la espalda con ortigas. Después, se puede aplicar agua fría, para refrescar ligeramente.

También es apropiada para la piel, para tratar eccemas, herpes, picores, etc. Preparar una in-

APLICACIONES: Se pueden preparar infusiones, friegas, sopas, champú, etc.

INFUSIONES: Emplear 40 gramos de ortiga por litro de agua; se pueden beber un par de vasos al día.

FRIEGAS DE ORTIGA (reuma, torceduras, esguinces...): Coger un gran manojo de ortigas y restregar con fuerza toda la zona afectada. Después, vendar esa zona para que se mantenga caliente. Realizar el tratamiento cada dos días, aproximadamente.

PUEDE UTILIZARSE JUNTO CON LAS SIGUIENTES PLANTAS: Cardo mariano, achicoria, manzanilla, romero, salicaria.

fusión y limpiar la zona afectada con una gasa. La ortiga se emplea como ingrediente para elaborar varias cremas caseras.

RECOLECCIÓN: La parte utilizada son las hojas. Las ortigas crecen junto a las casas, al borde de los caminos, entre zarzas, en zanjas, en el monte, en lugares habitados por humanos y animales.

USO COMESTIBLE: La ortiga es una planta comestible. Se puede comer de diferentes formas: mezclada con verduras; sazonada con sal y aceite, como las espinacas; en forma de croquetas, sopa o tortilla... Para comerla en tortilla, cocer la ortiga previamente durante un par de minutos. Cuando el agua empiece a hervir, echar la ortiga al agua y sacarla cuando esté cocida. Después, preparar una tortilla normal. Para el uso comestible de la ortiga, conviene recolectar las hojas más tiernas, jóvenes y hermosas.

SOPA DE ORTIGAS (para cuatro personas): 1 cebolla, 2 puerros, 2 tiras de apio, 2 zanahorias, 100 gramos de ortiga, 100 gramos de berza.

Partir la cebolla, los puerros, el apio, la ortiga y la berza, y dorar durante 5 minutos en aceite de oliva. Añadir la zanahoria rallada y 1 litro de agua. Cocer todo durante 15 minutos. Sazonar con sal.

Variante: Deshacer una cucharada de miso en el plato o taza de cada comensal.

SOPA DE VITAMINAS (la puede tomar cualquiera, pero es especialmente recomendable para personas que en primavera necesitan un aporte extra de vitaminas, que padecen problemas de circulación o falta de calcio): Hojas y tallos de ortiga (150 gramos por persona), 1 cebolla mediana, 2 dientes de ajo, sal marina, aceite de oliva, perejil y hierbas aromáticas al gusto.

Cocer las ortigas en agua, como si se fuera a hacer una sopa. Una vez cocidas las ortigas, licuar y aromatizar con las hierbas que se quiera. En una sartén, poner la cebolla y los ajos triturados a calentar, echar sal y añadir todo a la cazuela de la sopa. Se puede poner pan tostado en el fondo del plato y verter la sopa, muy caliente, por encima. Para terminar, añadir un poco de perejil picado y un chorrito de aceite de oliva.

PRINCIPIOS ACTIVOS: Contiene vitaminas A y C, así como hierro y fósforo.

Calendula officinalis, arvensis...

ilena

caléndula

floración

Enero | Febrero | Marzo | Abril | Mayo | Junio | Julio | Agosto | Septiembre | Octubre | Noviembre | Diciembre

También llamada *maravilla.*

Tiene una altura de entre 30 y 70 centímetros. El tallo emerge hacia arriba y tiene hojas a izquierda y derecha. Las hojas aparecen ligeramente caídas, no son tiesas; son lisas y vellosas.

En la parte superior del tallo se aprecian unas flores muy llamativas, que se abren y se cierran con el sol; es decir, se cierran de noche o cuando no hay sol, y vuelven a abrirse al amanecer. Las flores tienen una especie de botón redondo en el centro, rodeado de numerosos pétalos.

Pertenece a la familia de las compuestas.

INDICACIONES Y USOS: Se trata de una de las plantas más indicadas para curar afecciones dermatológicas.

Ayuda a combatir eccemas, acnés, arañazos, uñas resecas, picaduras de bichos e insectos, úlceras, desgarros, entumecimientos, verrugas y sabañones. Se puede aplicar en forma de cataplasmas, baños, lavados o compresas. También se elaboran ungüentos, tinturas y aceites de caléndula.

Las hojas ayudan a cicatrizar pequeñas heridas. Para ello, se coge una hoja, se coloca directamente sobre la herida y se aprieta un ratito.

La caléndula es el principal ingrediente de muchas cremas solares o contra las quemaduras. En caso de sufrir una quemadura, se pueden aplicar gasas untadas en aceite de caléndula o empapadas en infusión de esta planta.

Está indicada en golpes, heridas, varices, torceduras o inflamaciones. Asimismo, es eficaz en menstruaciones dolorosas y flujos abundantes, o en casos de menstruación escasa; alivia el dolor y regula el ciclo menstrual. Conviene empezar a beber infusiones 15 días o una semana antes de la menstruación, a diario y antes de las comidas. No se trata de una planta tóxica, por lo que se pueden tomar hasta tres infusiones diarias.

RECOLECCIÓN: Se cultiva como planta decorativa en las entradas de las casas y en jardines. En muchas ocasiones se cultiva únicamente como planta decorativa y no como planta medicinal, porque resulta muy atractiva y hermosa, gracias a sus vistosas flores naranjas. Permanece verde durante todo el año y su período de floración va habitualmente del final de la primavera al otoño.

Para secarla, es preferible recolectarla cuando está en flor. Cortar las flores desde el tallo e ir colocando sobre un papel. Proceder de la misma manera con las hojas. Una vez secas, guardarlas envueltas en paños.

USO COMESTIBLE: La caléndula contiene mucho colorante, por lo que en algunos lugares es empleada como colorante, para elaborar jarabes y mantequillas, entre otros.

PRINCIPIOS ACTIVOS: Saponina, carotinoides, fitosterina, resina, grasas, glucósidos...

APLICACIONES: Se puede aplicar de muy diversas formas: compresas, cataplasmas, tinturas, aceites, infusiones...

ACEITE DE CALÉNDULA (para curar desgarros, inflamaciones, heridas, arañazos, picaduras, pieles resecas, eccemas, acné, etc., frotar con aceite.): Poner las flores en un recipiente y cubrirlas con aceite de oliva.
Dejar el cuenco al sol durante 30 días, cuidando de remover un poco todos los días, para que los ingredientes se mezclen bien. Al cabo de un mes, colar con cuidado a través de un paño que no tenga pelusa. Escurrir bien con las manos, hasta exprimir todo el jugo. Las flores de la caléndula contienen tinta, por lo que el aceite quedará de color naranja, lo cual no tiene importancia en su uso medicinal.

INFUSIONES: La cantidad empleada suele ser generalmente de 30 gramos de caléndula por litro de agua. Se cuece durante un par de minutos y se deja tapado otros 10 minutos. Se pueden beber 3 vasitos diarios de este preparado.

CATAPLASMAS: Triturar las hojas y envolverlas en un paño. Así la cataplasma estará lista para aplicar sobre la zona afectada. Se puede emplear dos o tres veces al día, hasta que la herida o quemadura se cure.

COMPRESAS: Hervir 60 gramos de planta en un litro de agua durante 10 minutos. Colar el líquido y empapar una gasa en ese líquido. Las compresas también se pueden aplicar 3 veces al día, hasta que la caléndula surta el efecto deseado.

PUEDE UTILIZARSE JUNTO CON LAS SIGUIENTES PLANTAS: Cola de caballo, menta, llantén, salvia, salicaria...

tusilago

Tussilago farfara

eztul-belarra

floración

Enero	Febrero	Marzo	Abril	Mayo	Junio	Julio	Agosto	Septiembre	Octubre	Noviembre	Diciembre

Planta de unos 15 centímetros de altura.

Sus hojas son muy grandes, acorazonadas y dentadas. Son de color blancuzco por su cara inferior y verde por la superior.

Tiene una raíz muy gruesa, de la cual emergen hacia la superficie varios tallos blancos, cubiertos de escamas. La raíz principal desarrolla numerosas raíces secundarias hacia el suelo. Cada tallo tienen una única flor por tallo. Las flores nacen antes que las hojas y tienen un botón púrpura en el centro, con unas finas brácteas, también púrpuras, alrededor. Esta planta también es conocida como uña de caballo.

Se trata, probablemente, de una de las plantas medicinales más populares.

Pertenece a la familia de las compuestas.

INDICACIONES Y USOS: Se usa principalmente como antitusígeno. En catarros, afecciones de las vías respiratorias, gripe o bronquitis, es conveniente tomar infusiones de tusilago. Emplear 30 gramos por litro de agua y beber 2-3 vasitos al día. Se puede endulzar la infusión con un poquito de miel. También es eficaz en forma de jarabe. Antiguamente, se confeccionaban cigarros con las hojas del tusilago, porque actúa como calmante de la tos.

Asimismo, se emplea para curar problemas de garganta, como laringitis, anginas, afonía..., para lo que se procederá de la misma manera, es decir, bebiendo infusiones o jarabes .

Antaño era muy utilizada por personas que padecían asma. Se ponían las hojas al fuego e inhalaban el humo que desprendían.

Se puede aplicar en forma de cataplasma o compresa, para curar heridas, quemaduras, úlceras y otros problemas de piel. Para preparar la cataplasma usar las hojas y las flores del tusilago.

RECOLECCIÓN: Las partes utilizadas son las hojas y las flores. Florece a partir de febrero y las hojas nacen más tarde. Es preferible recolectar las flores antes de que se abran completamente. Para conservarlas durante todo el año, previamente hay que esparcir bien para secarlas y guardarlas en tarros o envueltas en paños.

Hay que hacer lo mismo con las hojas.

Se encuentra fundamentalmente en los recodos de los caminos, en terrenos arcillosos y pedregosos y lugares húmedos.

PRINCIPIOS ACTIVOS: Resina, mucílagos, inulina, sales minerales, peptina...

USO COMESTIBLE: No hay costumbre de comer esta planta, pero sus hojas son comestibles. Se pueden introducir en agua hirviendo durante dos minutos, y comerlas cocidas, como cualquier otra verdura.

APLICACIONES: El tusilago se puede emplear en forma de infusión, cataplasmas, compresas, jarabe y jugo.

INFUSIÓN (catarro, tos, afecciones de las vías respiratorias, etc.): 20-30 gramos de planta por litro de agua. Se hierve durante 15 minutos y se deja en reposo otros 5 minutos, tapada. Se aconseja beber 2-3 vasitos diarios. Si la infusión es de flores, colar muy bien las flores y retirar con mucho cuidado sus finas hojitas.

CATAPLASMAS (heridas, quemaduras, problemas de piel, etc.): Coger un manojo de hojas y flores y triturarlos bien. Después, envolverlas en un paño y aplicar la cataplasma sobre la zona a tratar, tantos días como resulte necesario.

COMPRESAS: Hervir 40-50 gramos de flores y hojas en un litro de agua durante 5 minutos. Empapar unas gasas en ese líquido y aplicar sobre la zona afectada, 2-3 veces al día.

PUEDE UTILIZARSE JUNTO CON LAS SIGUIENTES PLANTAS: Eucalipto, malva, saúco, tomillo.

celidonia

Chelidonium majus

iodo-belarra

Enero | Febrero | Marzo | Abril | Mayo | Junio | Julio | Agosto | Septiembre | Octubre | Noviembre | Diciembre

floración

Planta que puede alcanzar unos 50 centímetros de altura.

El tallo es cilíndrico, grueso y muy ramificado. Contiene un jugo de color naranja que brota al romper cualquier parte de la planta; si se toca con las manos, se pondrán de ese color.

Las hojas son de color verde claro y vellosas, al igual que el tallo. Son hojas dentadas, compuestas cada una de ellas de 5-7 pequeñas hojitas.

Las flores son amarillas. Cada flor está formada por 4 pétalos dispuestos en forma de cruz.

El fruto consiste en una especie de cápsula verde de algunos centímetros, que contiene unas pequeñas semillas negras en su interior.

Es conocida también con el nombre de golondrinera o hierba de las golondrinas.

Se trata de una planta muy conocida en Euskal Herria, comúnmente utilizada como planta medicinal de uso externo.

Pertenece a la familia de las papaveráceas.

INDICACIONES Y USOS: La celidonia es bastante tóxica, por lo que hay tener mucho cuidado con su uso interno, al tomarla como infusión. En esos casos es recomendable seguir los consejos de un experto, o, si existe alguna otra planta indicada para la afección que se desea combatir, intentar utilizar esta última.

Uso interno: Hay que tener mucha PRECAUCIÓN con esta planta. Se ha de tomar siempre bajo la vigilancia de un médico o experto y hay que tener mucho cuidado en no excederse en las cantidades y dosis indicadas, ya que puede resultar muy peligroso. NO realizar tratamientos prolongados. Puede resultar tóxica en grandes cantidades: la cantidad adecuada es 5 gramos por litro.

Contiene substancias opiáceas, por lo que resulta útil para aliviar dolores.

Uso externo: Para quemar o eliminar verrugas y durezas. Se corta o rompe un trozo de tallo de celidonia y se extrae el jugo naranja del interior. Se unta la verruga o dureza con ese látex, cuantas veces queramos. El punto en el que se aplica el jugo irá adquiriendo un tono anaranjado poco a poco. No es suficiente aplicar el jugo una vez; hay que realizar el tratamiento dos o tres veces al día durante varios días. Así se conseguirá que la dureza o verruga se vaya quemando. Una vez quemadas, la verruga se caerá y la dureza desaparecerá. En el caso de las verrugas, se emplea el término quemar, pero no produce quemazón y no resulta doloroso. La única diferencia es que se va ennegreciendo.

También se pueden aplicar cataplasmas: se tritura bien la planta, se envuelve en un paño, se aplica sobre la verruga o dureza y se cubre con una venda. Dejar actuar durante toda la noche. Este procedimiento también hay que repetirlo varias veces; ha de ser constante y continuado.

ADVERTENCIA: Hay que tener cuidado y aplicar la celidonia justo en el punto afectado, en la propia verruga o la dureza, ya que si no quemará todo la zona. No conviene poner la celidonia en contacto con la piel, excepto en la zona afectada.

Asimismo, se emplea para elaborar varios ungüentos destinados a curar afecciones como el herpes, eccemas, heridas, hongos...

RECOLECCIÓN: La parte utilizada es el tallo. Se puede encontrar todo el año, por lo que no merece la pena proceder a secarla, una vez recogida. A diferencia de otras plantas, no es necesario recolectar la celidonia mientras está en flor. En cualquier caso y, dado que la parte de la que se extrae el jugo es el tallo, ésta es la parte que se utiliza.

Florece en primavera y permanece en flor durante todo el verano, dependiendo de la zona, de mayo a octubre, aproximadamente. Se cría en lugares húmedos, sombríos, abruptos, en muros y paredes. No es habitual encontrarla en prados.

Se cultiva a menudo en macetas. Para ello, basta con plantar la semillas, o la propia planta, con sus raíces.

PRINCIPIOS ACTIVOS: Celidonina, verberina, ácido celidónico, saponinas, flavonoides, entre otras substancias.

APLICACIONES: Su uso interno se recomienda únicamente si se cuenta con los consejos de un experto o se actúa bajo vigilancia médica. En cualquier caso, la celidonia se puede aplicar en forma de infusiones, gargarismos, polvos, tinturas, ungüentos y vinos.

POLVO: Se extrae el jugo del tallo y de las raíces y se deposita sobre un cristal o una superficie esmaltada, para dejarlo secar. Una vez seco, raspar el jugo para obtener el polvo. Ese polvo se puede emplear como ingrediente para elaborar ungüentos, o aplicándolo directamente sobre la zona a tratar con una gasa.

A MODO DE CURIOSIDAD: Es conocida con el nombre de hierba de golondrina, porque antiguamente se decía que las golondrinas rompían esta planta con el pico para curar las enfermedades oculares que padecían sus crías.

pulmonaria

Pulmonaria longifolia, officinalis...

biri-belarra

Enero | Febrero | Marzo | Abril | Mayo | Junio | Julio | Agosto | Septiembre | Octubre | Noviembre | Diciembre

floración

Planta de aproximadamente 30 centímetros de altura, de tallo recto y redondo, muy frágil.

Las hojas tienen unas manchas blancas en su cara externa. Son hojas largas, entre lanceoladas y ovaladas, de color verde. Las hojas de la parte superior de la planta son de menor tamaño que las de la parte inferior.

Las flores son rojizas-moradas; al florecer adquieren un tono rosado, pero se van azulando progresivamente. Se encuentran agrupadas en racimos y cada flor está compuesta por 5 pétalos. La planta permanece en flor desde el final del invierno hasta la primavera.

Es una planta muy vellosa.

Se trata de una planta muy popular y abundante en Euskal Herria, principalmente en zonas montañosas.

Pertenece a la familia de las boragináceas.

INDICACIONES Y USOS: Como su propio nombre indica, ayuda a curar catarros de pulmón, problemas de las vías respiratorias, tos, bronquitis, tuberculosis, flemas sanguinolentas... Se pueden tomar infusiones preparadas con hojas y flores 3-4 veces al día. Para preparar la infusión, harán falta 20-30 gramos de hojas y flores por litro de agua. Se hierven durante 15 minutos y se dejan en reposo otros 5 minutos.

Para aliviar problemas de garganta, afonía..., exprimir el jugo de la planta, mezclar con miel y tomar 3 cucharadas al día.

También puede ayudar a cortar diarreas. Para ello, utilizar también 20-30 gramos de hojas y flores por litro de agua.

Para cicatrizar heridas, manos agrietadas, sabañones..., hacer una infusión e introducir en ella las manos y los pies, para limpiar las heridas. Asimismo, se pueden aplicar cataplasmas. Para ello, triturar la planta, envolverla en un paño y aplicarla sobre la zona a tratar, un par de veces al día.

Para tratar hemorroides o almorranas, beber infusiones o aplicar compresas empapadas de infusión, un par de veces al día.

RECOLECCIÓN: Las partes utilizadas son las hojas y flores. Se pueden recolectar desde el final del invierno hasta la primavera. Secarlas enseguida y, una vez secas, guardarlas durante todo el año en recipientes o envueltas en paños. Se pueden encontrar pulmonarias en lugares húmedos, al borde de los caminos y cerca de los prados.

USO COMESTIBLE: Las hojas de pulmonaria son comestibles, si bien no hay costum-

bre de comerlas. Se pueden comer cocidas, en menestras o sopas, y crudas, en ensalada.

PURÉ DE PULMONARIA (para cuatro personas): 1 cebolla, 6 puerros, 150 gramos de acelga, 1 patata, 150 gramos de hojas de pulmonaria, un par de zanahorias.

Limpiar todas las verduras, trocearlas y rehogarlas en aceite de oliva, 10 minutos. Después, cubrir las verduras con agua y dejar cocer durante 15 minutos. Y por ultimo, pasar por el pasapurés.

Al servir, sazonar con aceite de oliva crudo y salsa de soja.

PRINCIPIOS ACTIVOS: Mucílagos, fitosterina, saponinas, vitamina C, taninos.

APLICACIONES: Infusiones, cataplasmas, compresas, maceraciones, tinturas, jarabes, zumos...

INFUSIONES (para problemas pulmonares, bronquitis, tos...): Hervir 20-30 gramos de hojas y flores durante 15 minutos y dejar reposar, tapado, 5 minutos. Beber 3-4 vasitos diarios.

CATAPLASMAS (para heridas, manos agrietadas, sabañones...): Trocear bien la planta, envolver en un paño y aplicar sobre la zona afectada, dos veces al día.

COMPRESAS (para hemorroides): Preparar una infusión, empapar una compresa en ese líquido y aplicar sobre la zona a tratar, un par de veces al día.

MACERACIONES (para problemas pulmonares, catarros, afecciones de las vías respiratorias...): Dejar macerar 50 gramos de planta en un litro de agua y dejar durante 10-12 horas. Colar y beber 2-3 vasitos diarios.

PUEDE UTILIZARSE JUNTO CON LAS SIGUIENTES PLANTAS: Fárfara, gordolobo, llantén, eucalipto, saúco, malva.

A MODO DE CURIOSIDAD: Se dice que esta planta se llama pulmonaria debido a que las manchas blancas de sus hojas recuerdan a los alvéolos pulmonares.

malva

Malva silvestris

malba

floración

Enero | Febrero | Marzo | Abril | Mayo | Junio | Julio | Agosto | Septiembre | Octubre | Noviembre | Diciembre

Planta que puede alcanzar unos 80-100 centímetros de altura. El tallo principal es circular y velloso y de éste nacen las hojas y las flores.

Las hojas son dentadas y tienen entre 5 y 7 lóbulos. Son de color verde oscuro y están unidas al tallo principal mediante un largo rabillo o peciolo. Las hojas también son bastante vellosas.

Las flores son de color rosado-malva y cada una de ellas está compuesta por 5 pétalos, que no se encuentran unidos entre sí. Las flores nacen desde el mismo punto que las hojas.

El fruto es similar a un disco y cae al suelo cuando madura.

Se trata de una planta muy frecuente y utilizada en Euskal Herria. Suele crecer cerca de los caseríos y en el monte. Es una de las plantas más populares del país.

Pertenece a la familia de las malváceas.

INDICACIONES Y USOS: Se utiliza principalmente para curar catarros, gripes, bronquitis, tos, diversas afecciones de las vías respiratorias, etc. En estos casos se aplica en forma de infusión, vaho o jarabe.

Para preparar la infusión, se requieren 20 gramos de hojas y flores por litro de agua. Hervir y dejar reposar durante 15 minutos. Se puede endulzar la infusión con un poquito de miel.

Contra problemas bucales y de garganta, como aftas, caries sangrantes, faringitis, anginas..., hacer gárgaras con la infusión, tantas veces como sea necesario.

La malva contiene propiedades cicatrizantes y antisépticas, por lo que ayuda a curar pequeñas quemaduras y a eliminar pus, picotazos, bolas de sebo... Para ello, es recomendable realizar lavados con agua de infusión y aplicar cataplasmas. Para preparar la cataplasma, escaldar las hojas un par de minutos y envolver en un paño. Una vez envueltas, escurrir bien, hasta exprimir todo el jugo. Mantener las hojas en el interior del paño y empaparlo en el jugo exprimido. Aplicar sobre la zona a tratar, 2-3 veces al día, y renovar al día siguiente.

Para lavados oculares, contra orzuelos..., preparar una infusión y limpiar con una gasa.

Si se aplica en forma de vahos, resulta útil para limpiar el cutis.

También se usa contra las hemorroides, aplicando cataplasmas de hojas y flores. Se hierven y se envuelven en un paño y se aplica la cataplasma sobre la hemorroide, en caliente. Se puede aplicar un par de veces al día.

RECOLECCIÓN: Las partes utilizadas son las hojas y las flores. Las flores se recogen cuando han florecido totalmente y, para conservarlas durante todo el año, se ponen a secar enseguida, bien esparcidas. Una vez secas, deben conservar su color azulado original. Secarlas en un lugar seco y sombrío y, después, guardarlas en tarros o envueltas en paños.

Florece a partir del mes de mayo.

Se cría en prados, matorrales, caminos, en laderas abruptas, cerca de caseríos, etc.

USO COMESTIBLE: Las hojas son comestibles, si bien no son excesivamente sabrosas, sino más bien insípidas. Se comen hervidas en agua, como cualquier otra verdura. También se puede hacer sopa o comerlas crudas en ensalada.

ROLLITOS DE MALVA (para cuatro personas): 100 gramos de arroz, 100 gramos de brotes de soja, 2 zanahorias, 100 gramos de malva, 150 gramos de col, 1 diente de ajo, 1 cebolla, 8 hojas de pasta para hacer rollitos de primavera.

Cortar las verduras en juliana y dorar en las sartén durante unos 5 minutos. Sazonar con sal y escurrir el máximo de aceite posible. Una vez frías las verduras, extender las hojas de pasta y colocar las verduras en el centro. Envolver las hojas, con las esquinas metidas hacia dentro, para que el relleno no se escape. Freír en aceite abundante, hasta que queden bien crujientes.

Acompañar con una salsa roja (salsa de pimiento o tomate, por ejemplo) y servir.

MALVAS FRITAS: 3-4 dientes de ajo, 1 cebolla y 50 gramos de hojas de malva, aproximadamente. Cocer las hojas en agua hirviendo durante un par de minutos. Sacar las hojas del agua y retirar el líquido. Aparte, freír la cebolla y el ajo en aceite de oliva. Cortar las hojas y poner a freír, junto con la cebolla y el ajo. Sazonar al gusto (con pimienta negra, por ejemplo).

Podemos acompañar las malvas fritas con arroz, por ejemplo.

PRINCIPIOS ACTIVOS: Mucílagos, antocianina, vitaminas...

APLICACIONES: Infusiones, jarabes, cataplasmas, vahos, aceites y uso comestible.

INFUSIONES DE LECHE (para problemas de las vías respiratorias): Cocer 10 gramos hojas de malva en 100 gramos de leche, un par de minutos. Colar y tomar un vasito muy caliente de esa leche al acostarse.

VAHOS: Hervir un puñado grande de hojas en 1 litro de agua. Inhalar el vaho de ese hervor.

CATAPLASMAS: Hervir las hojas, envolver en un paño y aplicar sobre la zona a tratar.

PUEDE UTILIZARSE JUNTO CON LAS SIGUIENTES PLANTAS: Tusilago, saúco, llantén, cola de caballo...

amor del hortelano

Galium aparine

ziabelarra

Enero | Febrero | Marzo | Abril | Mayo | Junio | Julio | Agosto | Septiembre | Octubre | Noviembre | Diciembre

floración

Planta terrestre, rastrera, que puede llegar a crecer mucho, hasta 1,5-2 metros.

Tiene tallos cuadrados, vellosos. Gracias a este vello o estas especies de aguijones, trepa y asciende por cualquier lado.

Sus hojas son estrechas, pequeñas, vellosas y lanceoladas. Nacen en el tallo o en las ramas, rodeándolas; suelen aparecer 6-9 hojas rodeando el tallo.

Las flores son pequeñas, de color blanco, y compuestas por 4 pétalos. La planta florece en primavera.

El fruto es pequeño y velloso.

Se trata de una planta muy abundante en Euskal Herria.

Pertenece a la familia de las rubiáceas.

INDICACIONES Y USOS: Actúa como diurético, también es antiinflamatorio. Tomar infusiones hechas con 30 gramos de planta por litro de agua; 3-4 vasos al día.

También está indicado en afecciones dermatológicas como psoriaris, eccemas, heridas... Se pueden aplicar cataplasmas, o compresas, hasta que el problema remita. Asimismo, podemos aplicar el amor del hortelano en forma de ungüento.

Resulta eficaz como cicatrizante.

En problemas de garganta, hacer gárgaras de infusión; provoca un efecto antiinflamatorio. Realizar el tratamiento 2-3 veces al día, hasta que se cure la infección.

RECOLECCIÓN: Las partes utilizadas son las hojas y el tallo.

Florece en primavera, permanece en flor a partir de mayo y durante todo el verano. Su época de recolección idónea es el verano. Para conservarla durante todo el año, esparcirla y, una vez seca, guardarla en frascos o entre paños.

Esta planta crece al borde de los caminos, en campos cultivados, entre zarzas, en zonas boscosas y en matorrales, entre otros.

PRINCIPIOS ACTIVOS: Asperulina, almidón, taninos, flavonoides.

APLICACIONES: Infusiones, tinturas, ungüentos, cataplasmas, compresas...

INFUSIONES (como diurético): 30 gramos de amor del hortelano por litro de agua. Hervir durante 3 minutos y dejar reposar, tapado, durante otros 5 minutos; después, colar bien. Se pueden beber 3-4 vasos diarios de esa infusión.

CATAPLASMAS (heridas, úlceras, problemas dermatológicos): Coger un manojo de planta y envolver en un paño, una vez machacada; aplicar directamente sobre la zona afectada. Se pueden utilizas estas cataplasmas 2-3 veces al día, cuantas veces resulte necesario.

COMPRESAS (heridas, úlceras, problemas dermatológicos): Preparar una infusión de 50 gramos de planta, por ejemplo. Empapar gasas en ese líquido y aplicar sobre la zona a tratar. Realizar el tratamiento 2-3 veces al día, hasta que se cure el mal.

PUEDE UTILIZARSE JUNTO CON LAS SIGUIENTES PLANTAS: Salvia, bardana, achicoria.

A MODO DE CURIOSIDAD: Se denomina amor del hortelano debido a que al pasar a su lado se pega fácilmente en la ropa.

vulneraria

Anthyllis vulneraria

zauri-belarra

Enero | Febrero | Marzo | Abril | Mayo | Junio | Julio | Agosto | Septiembre | Octubre | Noviembre | Diciembre

floración

Planta menuda, de unos 30 centímetros de altura. Las raíces y la cepa suelen ser muy pequeñas. Se trata de una planta que puede vivir varios años. Su tallo suele ser erguido, pero también se pueden encontrar vulnerarias que no lo son tanto. Puede tener un único tallo o aparecer el tallo principal acompañado por otro menor situado en la parte superior de la planta.

Las hojas son enteras, pueden aparecer en solitario o agrupadas de tres en tres o de cinco en cinco. Cuando las hojas se encuentran agrupadas en grupos de tres o cinco hojas, la del extremo superior suele ser mayor que el resto.

Las flores son amarillas o naranjas-rojizas. También pueden presentar una combinación de estos colores, e incluso las hay blancas, aunque no es un color habitual en la flor de vulneraria. Se agrupan en cabezuelas o racimos de pequeñas flores divididas en dos brácteas palmeadas divididas por su parte inferior. Nacen en la parte superior del tallo.

Toda la planta es muy vellosa; se encuentra totalmente recubierta de un fino vello.

Se trata de una planta muy conocida y frecuente en Euskal Herria.

Pertenece a la familia de las leguminosas, familia muy extendida en todo el mundo y compuesta por miles de especies. En ella se agrupan, tanto árboles y arbustos como hierbas y plantas de diversos tipos (trébol, argoma, algarroba, regaliz...). También pertenecen a esta familia la lenteja, el garbanzo, la vaina, la alubia, etc.; son plantas fundamentales en nuestra alimentación y por ello muy conocidas.

INDICACIONES Y USOS: Sus principales indicaciones, y probablemente las más populares, son las de cicatrizante y antiséptico. Al igual que sucede con otras muchas plantas medicinales, el propio nombre de la planta indica su propiedad más importante: que cura las heridas.

Se utiliza externamente para limpiar, desinfectar o cicatrizar heridas, quemaduras, úlceras, golpes, etc. Para ello, hervir 100 gramos de flor bien triturada en 1 litro de agua. Después, limpiar las heridas con ese líquido, que actuará como antiséptico y cicatrizante. Se pueden realizar lavados cuantas veces sea necesario.

Asimismo, se pueden preparar cataplasmas de plantas frescas trituradas. Triturar la planta y envolverla en un paño, para aplicarla sobre la zona afectada. Las compresas pueden resultar tan eficaces como las cataplasmas. Se colocan sobre la zona a tratar, y se cubren. Para prepararlas, hacer una infusión y empapar una gasa o paño en ese líquido. Escurrir la gasa y aplicar como si fuera una cataplasma. Se puede realizar el tratamiento un par de veces al día, por la mañana y por la noche, por ejemplo.

Para infecciones orales, de encías o de garganta, es recomendable hacer gárgaras con infusión de vulneraria. Cocer 10 gramos de flor en 250 mililitros de agua durante 5 minutos. Dejar reposar, tapado, durante otros 5 minutos, colar bien y hacer las gárgaras.

Ayuda a combatir el catarro o la tos leve. Se pueden beber un par de vasos diarios. Para ello, cocer 20 gramos de flor en medio litro de agua y beber, tras colar bien.

RECOLECCIÓN: La parte utilizada son las flores. Habita en campos secos y soleados, al borde de los caminos, en laderas áridas, etc.; también en zonas costeras, al igual que en cimas montañosas.

La planta comienza a florecer en primavera y permanece en flor hasta el final del verano. Las cabezuelas o racimos de las flores se cortan con las manos, procurando coger la menor cantidad posible de rama o tallo. Se puede secar y conservar durante todo el año. Para secar la planta, hay que colgarla o esparcirla. Después de secarla, conservarla en un lugar oscuro y seco, en tarros o envuelta en paños.

PRINCIPIOS ACTIVOS: Saponinas, taninos, mucílagos...

APLICACIONES: Se preparan infusiones, baños, cataplasmas y compresas.

COMPRESAS: Cocer 50 gramos de planta en medio litro de agua durante 5 minutos. Dejar tapado durante un par de minutos. Después, empapar una gasa, escurrir bien, para que no gotee, y aplicar sobre la zona a tratar. No es una planta nociva, por lo que es posible utilizarla tantas veces como resulte necesario.

CATAPLASMAS: Coger un manojo de vulneraria y, tras triturarla bien, envolverla en un paño. Aplicar sobre la zona a tratar, cuantas veces sea necesario.

murajes

Anagallis arvensis

pasmo-belarra

Enero | Febrero | Marzo | Abril | Mayo | Junio | Julio | Agosto | Septiembre | Octubre | Noviembre | Diciembre

floración

Planta terrestre, rastrera, pequeña, de tallo rectangular, que no suele superar los 15 centímetros de altura.

Sus hojas son pequeñas, opuestas y nacen directamente del tallo, es decir, carecen de peciolo. Tienen forma elíptica y tienen unos puntitos negros en su cara inferior.

Del lugar en el que nacen las hojas, parten también unas largas ramitas, en cuya parte superior se encuentran las flores.

Las flores son pequeñas, de color rosa-anaranjado.

Se trata de una planta muy conocida y utilizada en Euskal Herria y es una de las plantas medicinales más populares.

El fruto consiste en una cápsula esférica.

Pertenece a la familia de las primuláceas.

INDICACIONES Y USOS: Conviene utilizar esta planta con precaución; no sobrepasar las cantidades indicadas y tomar bajo vigilancia médica, dado que es tóxica.

Se utiliza principalmente como planta antiséptica, ya que ayuda a curar infecciones y a eliminar el pus.

Es conocida en Euskal Herria desde la antigüedad. Al parecer, antaño se empleaba en desórdenes mentales, como enajenación y melancolía, pero al ser considerada tóxica, se prohibió su uso.

Se trata de una planta muy activa. Hay que tener mucha precaución, tanto en su uso interno como en el externo; no conviene realizar tratamientos prolongados ni sobrepasar las cantidades y dosis indicadas. Si se decide tomar infusiones de murajes, es recomendable hacerlo bajo la supervisión de un experto o médico. No tomar más de 2 gramos de planta al día, en infusión, ni realizar tratamientos que sobrepasen los 8-9 días. En forma de emplasto, no aplicar durante más de 3 días seguidos, ni en más de una ocasión al día. En caso de que su uso resulte imprescindible, aplicar durante 3 días y descansar una semana, antes de retomar el tratamiento. No utilizar jamás en niños.

Ayuda a combatir el catarro, la bronquitis..., y es expectorante. Para beneficiarse de estos efectos, preparar un emplasto y aplicar sobre el pecho. O en forma de infusión, pero siguiendo siempre las indicaciones del médico o de un experto.

Para la sinusitis, aplicar emplastos en la frente o mejillas. Se puede masajear toda la zona con ungüento de murajes. Durante 3 días, una sola vez al día.

En heridas infectadas o si se ha introducido una espina, una astilla o algo similar en la carne, aplicar emplastos o ungüentos y cubrir.

Para infecciones de garganta, preparar un poco de infusión y hacer gárgaras con ese líquido.

RECOLECCIÓN: Se utiliza todo, excepto las raíces: las flores, el tallo y las hojas. Florece a partir de febrero, pero se puede encontrar en flor durante todo el verano, dependiendo de la zona. Dado que no es posible recolectarla en todas las épocas del año, es conveniente secarla y conservarla en recipientes o paños.

Se cría en prados, muros, caminos, campos cultivados, laderas abruptas, etc.

PRINCIPIOS ACTIVOS: No se trata de una planta muy estudiada, por lo que no abunda información sobre ella en los libros; tampoco es posible hallarla a la venta, ya seca. Contiene dos tipos de glucósidos, fermento de primavera, ciclamina, fitosterina, taninos, etc.

APLICACIONES: Infusiones, ungüentos, alcoholes, cataplasmas, tinturas, vinos, etc.

ALCOHOL (antiséptico y cicatrizante.): Dejar macerar 20 gramos de hojas y flores en medio litro de alcohol de 90 grados durante unas 2 semanas. Remover ligeramente todos los días, para que los ingredientes se mezclen bien. A las 2 semanas, colar y guardar.

EMPLASTO: Calentar 10-15 gramos de murajes en un poco de aceite de oliva, sin quemar. Aparte, separar una clara de huevo y echar a la sartén. Hacer una tortilla y envolver en un paño. Aplicar sobre la zona a tratar hasta que se enfríe.

PUEDE UTILIZARSE JUNTO CON LAS SIGUIENTES PLANTAS: Verbena, parietaria, geranio, cincoenrama.

A MODO DE CURIOSIDAD: Su nombre en latín es anagallis, que significa, al parecer, carcajada. Según cuentan, los animales no comen esta planta porque saben que puede resultarles letal, sin embargo a las gallinas, les gusta mucho y dicen que la buscan. Al parecer, cuando la comen comienzan a cacarear.

verbena

Verbena officinalis

berbena

Enero | Febrero | Marzo | Abril | Mayo | Junio | Julio | Agosto | Septiembre | Octubre | Noviembre | Diciembre

floración

Planta que puede alcanzar los 80 centímetros o el metro de altura. Tiene el tallo bastante rígido y de sección rectangular. Es una planta muy ramificada, de ramas alargadas. Las hojas nacen de los nudos, a izquierda y derecha, y son romboides. Cuanto más arriba nacen, menores son. Son de color verde y tienen los bordes muy irregulares, sobre todo en las partes más inferiores del tallo; cuanto más arriba, más regulares.

Las flores son de color lila y nacen en la parte superior de las ramas.

El fruto consiste en una cápsula rectangular que contiene cuatro semillas.

Se trata de una planta de las plantas más populares de Euskal Herria.

Pertenece a la familia de las verbenáceas, compuesta por más de 800 plantas.

Es utilizada como planta medicinal desde hace mucho tiempo. Los soldados romanos solían llevarla en sus alforjas para curar posibles heridas. En la Edad Media, la empleaban como remedio contra la peste.

INDICACIONES Y USOS: Está especialmente indicada como planta antiséptica y depurativa y se emplea para eliminar el pus y curar las infecciones.

Para preparar la infusión, utilizar, como máximo, 5 gramos de planta seca por cada vaso de agua grande. No es conveniente realizar tratamientos prolongados. En el uso externo, pueden emplearse mayores cantidades de planta.

Para curar heridas infectadas o si se ha clavado algo en la piel (astillas, espinas...), se pueden aplicar emplastos de verbena. Aplicar el emplasto durante 3 días y descansar los siguientes 7 días. En caso de que no se cure la herida en ese período, volver a aplicar emplastos al cabo de esos 7 días.

En caso de padecer alguna infección interna, se pueden tomar infusiones, pero con mucha precaución.

Las heridas y ampollas se pueden limpiar con infusión de verbena, además de aplicar emplastos.

Para tratar la sinusitis, colocar emplastos en la frente, en las mejillas y en la parte externa de los los senos paranasales; durante los días de descanso, se puede masajear la zona con algún ungüento elaborado a base de verbenas.

Para combatir fuertes dolores de cabeza, tomar infusión de verbena un par de veces al día, como calmante. También es conveniente dar friegas con alcohol en la frente y las sienes. Asimismo, se pueden aplicar cataplasmas de planta fresca o previamente frita o hervida, una vez al día durante 3 días.

Actúa como calmante de otros muchos dolores, por ejemplo, dolores menstruales, dolores asociados a la menopausia, dolores musculares, lumbago, torceduras... En casos de lumbago, se pueden aplicar emplastos. O cataplasmas hechas de hojas de verbena hervidas previamente en aceite. Se pueden dar friegas o masajes con ese aceite.

Para curar catarros, bronquitis, etc., tomar infusiones o aplicar emplastos de verbena en el pecho o la espalda durante 3 días y después descansar. No volver a aplicar, ni en el caso de que tras los 7 días de descanso la afección no haya remitido.

APLICACIONES: Se pueden preparar ungüentos, infusiones, gárgaras, emplastos, vinos, alcohol, aceites, tinturas...

EMPLASTO (es conveniente aplicar el emplasto durante 3 días y descansar durante los siguientes 7 días): Se trata de una aplicación muy popular. Poner un puñado de verbena con aceite de oliva en la sartén y calentar ligeramente. Después, echar una clara de huevo a la sartén y hacer una especie de tortilla. Envolver la tortilla en un paño y aplicarla en la zona afectada, lo más caliente posible.

INFUSIÓN: Emplear 5 gramos de verbena por 200 mililitros de agua y tomar dos veces al día.

CATAPLASMA: Coger 20 gramos de verbena, triturar bien y, tras envolverla en un paño, aplicar en la zona a tratar, 1 vez al día durante 3 días.

ACEITE: Echar aceite de oliva sobre 5 gramos de hojas de verbena, hasta cubrir completamente la verbena. Calentar 5 minutos, a fuego lento. Cuando se haya enfriado, se pueden utilizar tanto las hojas como el aceite.

A MODO DE CURIOSIDAD: Existe la creencia de que la verbena trae la felicidad y el amor a quien recolecta la flor la víspera de San Juan. Hay un día de la verbena, llamado también día mágico. Se trata de la víspera de San Juan, 23 de junio. Según esa tradición, hay que recolectar la verbena ese día o esa noche, antes de que amanezca. Dicen que es entonces cuando la planta es más poderosa.

En problemas de garganta, amigdalitis por ejemplo, es muy recomendable hacer gárgaras con infusión de verbena.

RECOLECCIÓN: Se utiliza toda la planta: hojas, ramitas y flores. Ha de recogerse antes de que haya florecido totalmente. Cuando más florida está es en primavera y verano, dependiendo de la zona en la que habita. Una vez seca, se puede guardar durante todo el año. La mejor manera de secarla es hacer manojos y colgarlos boca abajo. Para conservarla, guardarla en frascos, en un lugar seco y oscuro.

La verbena crece en campos, junto a las casas, en caminos, lugares pedregosos, huertas, etc.

PRINCIPIOS ACTIVOS: Glucósidos de verbenalina y verbenina (al secar la planta desaparecen casi por completo), taninos, mucílagos, saponinas, etc.

zarza

Rubus fructicosus

laharra/sasia

Enero | Febrero | Marzo | Abril | Mayo | Junio | Julio | Agosto | Septiembre | Octubre | Noviembre | Diciembre

floración

Arbusto con espinas que puede llegar a superar los dos metros de altura; crece y se expande mucho.

Las hojas suelen aparecer agrupadas de cinco en cinco foliolos. Son de distintos tamaños, pero todas tienen un peciolo que las une a la rama, la cual se encuentra, a su vez, unida al tronco principal. Las ramas pequeñas también son espinosas, al igual que las ramas y tronco principales. Las hojas tienen el borde dentado, son verdes por su cara externa y blanquecinas por la interna.

Las flores pueden ser de color blanco o rosa pálido. Cada flor está formada por cinco pétalos y numerosos sépalos y estambres. Los pétalos no están unidos entre sí. Las flores se encuentran agrupadas en racimos.

El fruto de la zarza es la zarzamora. Cada mora está compuesta por 20-50 pequeños frutos. Durante el proceso de maduración, su color varía: es verde al principio; rojo, después; y, finalmente, negro, cuando está completamente maduro, que es cuando tiene un sabor más dulce.

Se trata de una planta muy conocida y abundante en Euskal Herria.

La zarza o zarzamora pertenece a la familia de las rosáceas, en la que se pueden encontrar casi 2.000 especies. Algunas de ellas son pequeñas, pero también hay hermosos árboles. Las rosáceas más comunes son el rosal, la cincoenrama, la fresa, el almendro, el cerezo, el manzano...

INDICACIONES Y USOS: Se pueden realizar varios tratamientos a base de zarza, pero su indicación más habitual es la antidiarreica. Se ha utilizado desde siempre para detener la diarrea, tanto en niños como en adultos. Las partes utilizadas son las hojas y los brotes. Preparar una infusión de 20-30 gramos de hoja en 1 litro de agua y tomar 3 o 4 vasos al día. También es recomendable chupar los brotes. O tomar zarzamora en forma de jarabe. Es importante colar bien, por si acaso.

Ayuda a combatir el catarro, la tos y el resfriado. Para ello hay que preparar una infusión de hojas.

En infecciones de boca o de garganta, como afonía, anginas o gingivitis entre otros, se emplea para curar encías llagadas y fortalecer la dentadura. Para ello hervir un puñado de hojas en un vaso de agua y hacer gárgaras con ese líquido. Los jarabes son muy eficaces para curar anginas. Para curar y fortalecer las encías, también se recomienda morder los brotes. Es una costumbre muy antigua y un tratamiento que se viene empleando desde hace mucho tiempo.

En caso de sufrir hemorroides, resulta de gran ayuda aplicar gasas empapadas en infusión de zarzamora o realizar lavados con agua de zarzamora.

RECOLECCIÓN: Las partes utilizadas con fines terapéuticos son las hojas y los brotes. La planta permanece en flor entre mayo y agosto. Las moras maduran a finales de verano; al principio son verdes, luego rojas y finalmente negras, cuando han madurado completamente. Se recogen cuando están negras, que es cuando son más dulces. Cre-

cen en el monte, el bosque, al borde de los caminos, etc. Si se desea recoger, secar y conservar las hojas y los brotes, la época de recolección más apropiada es la primavera.

USO COMESTIBLE: La mora es un fruto comestible. Se pueden recoger y comer crudas, o preparar mermeladas, zumos, jaleas, jarabes, etc. Además, chupar los brotes es recomendable para detener la diarrea y fortalecer las encías. Hay quien cuece los brotes para comerlos como si fueran espárragos. Para uso comestible, conviene recolectar plantas de hermoso color y buena apariencia. No se trata de una planta tóxica, por lo que se puede ingerir sin ningún temor. En cualquier caso, es recomendable enseñar a los niños cuál es la planta, para que no la confundan con otras plantas que pueden resultar tóxicas. De hecho, algunas confusiones han acarreado graves problemas, al ingerir plantas tóxicas por error. Por ello, no estaría de más ir al monte con los niños y enseñarles a distinguir la zarzamora.

Antiguamente, se secaban hojas de zarza y otras rosáceas y se fumaban a modo de tabaco. El cuerpo tolera muy bien ese humo y por ello se ha empleado la zarza en lugar del tabaco.

MERMELADA DE MORA: Coger las moras y lavarlas bien. Ponerlas en una cazuela y añadir agua, un dedo más que lo que ocupen las moras. Echar tanto azúcar como se quiera (250 gramos por litro de agua, aproximadamente). Dejar hervir durante hora y media o dos horas, hasta que las moras estén completamente deshechas. Remover de vez en cuando, para evitar que la mezcla se queme. Cuando todo esté bien deshecho, colar bien para separar los pequeños frutos de las moras. Se pueden añadir un par de gotas de limón. Cuando la mermelada esté fría, guardarla en tarros.

PRINCIPIOS ACTIVOS: Azúcares, vitamina C, sales, ácidos orgánicos, taninos… .

APLICACIONES: Se pueden comer las moras directamente o elaborar jarabes, zumos o jaleas con las mismas. También son populares los licores, vinos, etc., de mora. Como hemos visto, con las hojas y los brotes de zarza se preparan infusiones para diversas indicaciones.

INFUSIÓN: Cocer un puñado de brotes en 250 cc de agua. Beber ese agua ayuda a detener la diarrea y a aliviar problemas intestinales. Comer los brotes provoca ese mismo efecto.

PUEDE UTILIZARSE JUNTO CON LAS SIGUIENTES PLANTAS: Saúco, llantén, verbena...

cincoenrama

Potentilla reptans

bostorria

Enero | Febrero | Marzo | Abril | Mayo | Junio | Julio | Agosto | Septiembre | Octubre | Noviembre | Diciembre

floración

El nombre de la planta se debe a que sus hojas están compuestas por cinco foliolos. También hay especies afines de siete foliolos, en cuyo caso la planta se denomina sietenrama.

Existen otras variedades de *Potentilla*, como la *Potentilla anserina*, la *Potentilla reptans*, la *Potentilla tormentilla*...

La raíz es gruesa y las ramas nacen directamente de ésta, en el suelo. Estas ramas pueden emerger unos cuantos centímetros de la superficie; son finas y vellosas.

Las hojas de estas plantas son más pequeñas en los extremos, más grandes cuanto más cerca del centro están situadas. Las hojas también son vellosas, de color verde.

Las flores contienen cinco pétalos amarillos. Florecen a partir de mayo y pueden permanecer en flor hasta el otoño.

La cincoenrama es una planta muy común y utilizada en Euskal Herria.

Tanto la cincoenrama como la sietenrama pertenecen a la familia de las rosáceas, que reúne a más de mil especies, la fresa, la rosa y la cereza, entre otras.

INDICACIONES Y USOS: Se utiliza principalmente en el tratamiento de hemorroides y diarreas.

Para cortar la diarrea, cocer 30-40 gramos de planta en un litro de agua durante 10 minutos, y tomar ese agua durante 2-3 días.

Como tratamiento contra las hemorroides, existen dos posibilidades: por una parte, se pueden cocer 20-30 gramos de planta en un litro de agua y beber la infusión durante 9 días, preferiblemente en ayunas. Si la hemorroide es de gran tamaño, descansar durante 7 días y, después, repetir el mismo proceso. Por otra parte, también se pueden realizar lavados o tomar vahos de infusión de cincoenrama. Para ello, emplear una mayor cantidad de planta, 50 gramos por ejemplo. Hay que proceder de la misma manera: hervir la planta en un litro de agua y tomar vahos o lavar las hemorroides con ese agua. Sentarse sobre el vapor de ese agua y, cuando se haya enfriado, lavar la almorrana con ese agua. Estos lavados se pueden realizar durante los días que resulte necesario.

Como remedio contra las heridas o hemorragias externas, cocer 50 gramos de raíz en un litro de agua, y lavar la zona afectada con ese agua. La cincoenrama puede utilizarse, junto con otras plantas, como ingrediente para elaborar varios ungüentos para curar heridas.

También está indicada en anginas o úlceras o inflamaciones bucales. En este caso, cocer 40-60 gramos de planta en 1 litro de agua durante 3 minutos, y hacer gárgaras.

La cincoenrama se emplea asimismo para elaborar cremas antiarrugas. Ayuda a mejorar las pieles delicadas o sensibles.

RECOLECCIÓN: En su uso terapéutico, se utilizan las hojas y las raíces. Las flores no se utilizan con fines medicinales.

Se recolecta en otoño y primavera, preferiblemente en septiembre-octubre. Se puede secar y conservar durante todo el año, pero nunca por más de un año.

Nace en praderas y zonas costeras, pero también en cimas, zonas húmedas y al borde de los caminos. Se trata de una planta muy común.

USO COMESTIBLE: La cincoenrama es comestible. Se puede comer en ensalada, junto con otras plantas. Para comerla, elegir siempre las hojas más tiernas, frescas y jóvenes.

PRINCIPIOS ACTIVOS: Taninos, aceites, diversos glucósidos...

APLICACIONES: Infusiones, ungüentos, vahos, tinturas, vinos, polvos, emplastos...

INFUSIÓN (contra la diarrea): Cocer 30 gramos de planta por litro de agua durante 15 minutos. Beber en pequeñas dosis.

Se puede utilizar esa misma infusión para lavar heridas.

VAHOS: Cocer 50 gramos de cincoenrama por litro de agua durante 5 minutos. Los vahos de esa infusión son muy recomendables para curar hemorroides; después de los vahos, una vez se haya enfriado la infusión, aprovechar ese agua para lavar las hemorroides.

salicaria

Lythrum salicaria

egur-belarra

Enero | Febrero | Marzo | Abril | Mayo | Junio | Julio | Agosto | Septiembre | Octubre | Noviembre | Diciembre

floración

Planta erguida, que puede llegar a medir de 1,5 a 2 metros de altura.

El tallo es grande, muy erguido y de forma algo cuadrada, muy ramificado.

Los pétalos de las flores son morados o rojizos-púrpuras. Cada flor está compuesta por cinco o seis de pétalos. Las flores simples aparecen agrupadas formando una especie de espiga. El cáliz es cilíndrico y está compuesto por ocho o doce sépalos terminados en punta. Las espigas se forman en el extremo de las ramas o el tallo; en plantas grandes, caen hacia el suelo. En plantas jóvenes, las flores son muy tiesas y se encuentran situadas en la parte superior. Son muy vistosas por su color y apariencia.

El fruto, en cápsula, contiene numerosas semillas amarillas.

Las hojas, de color verde claro, son estrechas, puntiagudas y acorazonadas. Carecen de peciolo, están directamente unidas al tallo o a la rama. Son opuestas, nacen a izquierda y derecha de cada nudo de la rama.

Pertenece a la familia de las litráceas, que está formada por cientos de plantas. Además de la salicaria, probablemente la más popular sea la que los árabes denominan henna, empleada para pintar el cuerpo.

Dado que es frecuente en Euskal Herria, es muy popular.

INDICACIONES Y USOS: Se utiliza principalmente contra la diarrea; ése es el uso más común y casi exclusivo.

Antaño se les daba infusión de salicaria incluso a los niños pequeños para cortar la diarrea. Se puede tomar en forma de infusión, pero a menudo se preparan jarabes para que los niños puedan beberlos más fácilmente.

Sirve también como depurativa, para realizar lavados de úlceras y heridas. Se hace una infusión y se empapa una gasa en ese agua, para frotar y lavar la zona afectada.

Como cicatrizante, se puede aplicar en forma de cataplasmas o compresas. Colocar hojas y flores frescas de sal caria sobre la herida, trituradas y cubiertas por un paño o gasa. Otra posibilidad consiste en hacer una infusión y lavar la zona afectada con una gasa empapada en la misma.

En ambos casos, introducir las hojas en agua hervida durante un minuto y después colocarlas sobre la herida.

Para detener hemorragias nasales, preparar una infusión, empapar una gasa e introducir ligeramente en la fosa nasal.

En caso de encías débiles y sangrantes, lo más recomendable es morder ramitas jóvenes; ello ayudará a fortalecer las encías y evitar el sangrado.

RECOLECCIÓN: La planta florece en mayo y julio, según la zona. En algunos lugares, es posible encontrar salicarias en flor incluso en septiembre. Es una planta que agradece mucho el agua, por lo que crece en zonas húmedas, a la orilla de ríos y arroyos, y en prados.

Las partes utilizadas son las hojas y las flores. Es preferible coger la planta antes de que las flores se abran completamente. Si, una vez recolectada, se quiere conservarla durante todo el año, es recomendable recogerla en verano o al final de la primavera. Para secar la planta, depositarla en un lugar sombrío y bien aireado, colgada o esparcida sobre un papel. Después, guardarla en recipientes o envuelta en paños, en lugar seco y oscuro.

COMPOSICIÓN: Sacarosa, glucosa, carotina, mucílagos, taninos...

APLICACIONES: Se puede emplear en forma de jarabe, infusión, cataplasma, tintura y polvos.

INFUSIÓN ANTIDIARREICA: La indicación principal de la salicaria es la antidiarreica.

Cocer unos 100 gramos de flores y hojas en 1 litro de agua durante 10 minutos. Después, dejar reposar otro tanto y beber 2-3 veces al día.

CATAPLASMAS: Coger un manojo de hojas y, tras triturarlas bien, envolverlas en un paño. Aplicar la cataplasma sobre la zona a tratar, 2-3 veces al día.

COMPRESAS: Hervir unos 150 gramos de hojas de salicaria en 1 litro de agua, durante 10 minutos. Antes de proceder a su utilización, dejar reposar, tapado durante unos minutos.

JARABE (antidiarreico, especialmente indicado en niños): Hervir unos 125 gramos de flores en litro y medio de agua y dejar a remojo 24 horas. Al día siguiente, una vez frío, colar el líquido e ir añadiendo azúcar, hasta que la mezcla adquiera la consistencia de un jarabe.

PUEDE UTILIZARSE JUNTO CON LAS SIGUIENTES PLANTAS: Llantén, zarza, malva.

Capsella bursa-pastoris

zurrón del pastor

artzain-zakua

Enero | Febrero | Marzo | Abril | Mayo | Junio | Julio | Agosto | Septiembre | Octubre | Noviembre | Diciembre

floración

Planta anual que emerge de la superficie unos 40-50 centímetros, como mucho. Su tallo es largo; las flores nacen en la parte superior del mismo y los frutos a lo largo de todo el tallo. En la parte inferior del tallo se aprecian numerosas hojas formando una especie de roseta basal. De esas hojas sale un tallo recto, vertical, del cual nacen unas pequeñas ramitas a izquierda y derecha. Las hojas de la parte inferior no son planas o lisas, sino dentadas, largas y finas. En la parte superior, tiene pocas hojas, pero éstas son de borde liso, no dentadas.

El fruto tiene forma de triángulo aplastado; en ocasiones son descritos como acorazonados. Dentro del fruto se encuentran las semillas. Cada tallo da muchos frutos.

Las flores poseen 4 pequeños pétalos blancos. No son olorosas.

El nombre de la planta se debe a la forma del fruto, porque se parece a la bolsas o bandoleras utilizadas por los pastores antiguamente (zurrón de pastor).

Pertenece a la familia de las crucíferas.

INDICACIONES Y USOS: Se utiliza la planta completa, tanto las flores como las hojas y el tallo.

Es empleada principalmente para cortar hemorragias y regular la menstruación.

Por lo que respecta a las hemorragias, está indicada en hemorragias tanto internas como externas.

Para cortar hemorragias nasales, triturar la planta, untar una gasa en el jugo de la planta e introducir en la nariz.

También puede emplearse para cortar hemorragias uterinas. Hoy en día, existen con diversos tratamientos indicados para estos casos, pero antiguamente era muy común utilizar el zurrón del pastor con ese fin. Se emplean 40 gramos de planta por cada medio litro de agua. Cocer durante 3 minutos, y dejar tapado durante 10 minutos; se pueden beber hasta 3 vasos diarios.

También está indicado para aliviar hemorroides y varices, preparando una cataplasma y aplicándola sobre la parte afectada. Triturar dos plantas y aplicar. Asimismo, se pueden realizar baños. Cocer 50 gramos de planta en 1 litro de agua durante 5 minutos, colar bien, y cuando se haya enfriado un poco el agua, realizar lavados durante 15-20 minutos.

Resulta muy útil y de gran ayuda en caso de padecer úlceras sangrantes. Está indicada tanto en hemorragias externas como internas.

El zurrón del pastor es muy eficaz para cortar hemorragias. Para ello, hay que cocer 40 gramos de planta en un litro de agua durante un par de minutos. Después, tapar durante otros 10 minutos; tomar 3 vasos al día. No es conveniente realizar tratamientos prolongados; hay que dejar de tomar la infusión una vez se haya conseguido detener la hemorragia o ésta haya remitido.

El segundo uso es el de regulador de la menstruación. Está indicado tanto en casos de menstruación escasa e irregular como cuando el flujo es abundante. Estas situaciones se dan habitualmente en la pubertad. En estos casos, la tintura puede resultar muy útil.

En la menopausia también pueden aparecer desarreglos de este tipo, por lo que también es recomendable la tintura en esa época.

Si la menstruación es irregular y el flujo abundante, se comenzará este tratamiento 1 semana o 10 días antes de la regla. Hay que cocer 10 gramos de planta por cada medio vaso de agua durante cinco minutos, y beber 2 vasitos al día.

La bolsa del pastor se emplea también para cerrar heridas, curar moratones y manos o pezones cuarteados. Se prepara una infusión y se restriega, moja o unta toda la zona afectada con una gasa. Para curar las manos cuarteadas, verter el agua de la infusión a un recipiente e introducir las manos.

APLICACIONES: Tinturas, infusiones, baños, cataplasmas...

TINTURA (durante la menopausia, en hemorragias internas, como regulador de la menstruación...): Triturar 125 gramos de planta y macerar en 150 mililitros de alcohol de 60 grados durante una semana. Colar y tomar 25 gotas, 2 veces al día.

INFUSIÓN (para regular la menstruación): Hervir 10 gramos de zurrón del pastor en medio litro de agua durante 3 minutos. Después, tapar durante 10 minutos. Beber 3 vasos diarios, empezando una semana antes de la menstruación.

BAÑOS (para limpiar hemorroides): Cocer 50 gramos de planta por litro durante cinco minutos. Una vez fría el agua, realizar lavados durante 15-20 minutos con ese agua.

CATAPLASMA: Triturar dos plantas y envolver en un paño. Aplicar sobre la zona a tratar.

PUEDE UTILIZARSE JUNTO CON LAS SIGUIENTES PLANTAS: Manzanilla, milenrama, equiseto.

RECOLECCIÓN: Se puede encontrar durante todo el año. En muchos lugares es considerada una mala hierba. Crece en cualquier sitio, tanto en la costa como en la montaña, lo mismo da en lugares soleados como sombríos; le gustan ambos ambientes. También es frecuente hallarla en prados, huertas y caminos.

Permanece en flor casi todo el año, pero eso depende en gran medida del clima. En algunas zonas, florece al final del invierno y al comienzo de la primavera.

USO COMESTIBLE: La bolsa del pastor es una planta comestible. Se pueden preparar las hojas jóvenes en ensalada, o como cualquier otra verdura. Las flores también se comen. Para uso comestible, recolectar plantas jóvenes, frescas y sanas.

Es rica en vitamina C.

PRINCIPIOS ACTIVOS: Vitamina C, colina, acetilcolina, tiramina...

diente de león

Taraxacum officinale

txikoria-belarra

Enero | Febrero | Marzo | Abril | Mayo | Junio | Julio | Agosto | Septiembre | Octubre | Noviembre | Diciembre

floración

También llamada achicoria amarga.

Planta de tallo grueso, de color blanco por su cara interna, y hueco. Las hojas son basales y aparecen agrupadas, formando una especie de roseta. Las hojas están situadas, por tanto, cerca de las raíces y las flores y los frutos en el extremo superior del tallo. Las hojas son lobuladas e irregulares, de color verde.

El tallo carece de hojas y, al partirlo, desprende una especie de látex lechoso.

Las flores son de color amarillo, forman una especie de capullo y están protegidas por unas hojas de color verde llamadas brácteas. Las brácteas son más visibles cuando la flor está aún sin abrir. Dentro de las flores se halla el fruto; al madurar se abre en una cabezuela en que cada semilla tiene un "paracaidas" que vuela con la más mínima corriente de aire.

Se trata de una planta muy popular, abundante en nuestros prados.

Pertenece a la familia de las compuestas.

INDICACIONES Y USOS: Tiene la propiedad de proteger de varias sustancias tóxicas que pueden resultar nocivas para la salud.

Está indicada en muchos casos: es diurética, depurativa, buena para el estómago, el hígado, la tos, la diabetes; es también algo laxante.

Se utiliza mucho como planta depurativa, para purificar la sangre. Ayuda a mejorar la circulación, regular el colesterol, etc. Puede administrarse de diversas formas, por ejemplo cociendo 20-30 gramos de hoja en 1 litro de agua y bebiendo 3 vasitos diarios. Tomar el primero en ayunas y, el resto, después de las comidas.

Por sus propiedades diuréticas, ayuda a combatir la retención de líquidos y está indicada en aquellas personas que tienen piedras en el riñón, porque ayuda a deshacerlas y también a evitar que se formen. Gracias a su acción renal, ayuda a eliminar toxinas mediante la orina. Para ello, tomar una infusión de 20-30 gramos de raíces u hojas de diente de león, o jugo. Ambos preparados son eficaces; se pueden endulzar con un poquito de miel.

Ha sido administrado en problemas infecciosos de vejiga y de uretra, empleando las mismas cantidades.

Está recomendada para problemas dermatológicos, como eccemas, herpes, acné, psoriasis, urticarias, forúnculos... Es muy útil beber infusiones para curar estas afecciones.

También está indicado en afecciones hepáticas y ayuda a producir o segregar bilis. Cocer 30 gramos de diente de león en 1 litro de agua y tomar 3 veces al día.

Asimismo, activa la función pancreática, por lo que es recomendable en casos de diabetes.

Por sus propiedades laxantes, se usa contra el estreñimiento.

El líquido que emana del tallo al cortarlo se emplea para eliminar verrugas.

Antiguamente, se secaban y trituraban las raíces y se usaban como sustitutivo del café.

RECOLECCIÓN: Se utiliza casi toda la planta: las raíces, las hojas y las flores. Es posible encontrarla durante todo el año y florece a partir de la primavera. Si se opta por secar la planta, es aconsejable recoger las raíces en primavera y otoño, y secarlas bien esparcidas. En Euskal Herria se ha utilizado siempre y es muy apreciada, junto con otras plantas. Se encuentra en cualquier prado.

USO COMESTIBLE: El diente de león es comestible, aunque muy amargo. Se comen sus hojas y flores, y, como hemos indicado, las raíces se pueden utilizar en lugar de café. Se pueden macerar las flores cerradas en vinagre, para comerlas como si fueran alcaparras. Las hojas y flores se comen crudas, en ensalada o en tortilla; las hojas, también preparadas junto con otras verduras. Su sabor es muy amargo, por lo que hay que tener cuidado en las cantidades empleadas, a gusto del consumidor.

ENSALADA DE DIENTE DE LEÓN (para cuatro personas): 3 tomates medianos, 20-24 hojas jóvenes de diente de león, 100 gramos de queso de cabra.

Limpiar los tomates, trocearlos y colocarlos en un plato. Añadir las hojas de diente de león, troceadas o enteras. Cortar el queso en dados y añadir al plato.

Aderezar con aceite, sal y vinagre de Módena.

PRINCIPIOS ACTIVOS: Vitaminas C y B, mucílagos, inulina, taraxacina, sales minerales, hierro, potasio, sodio...

APLICACIONES: Aceites, tinturas, vinos...

ACEITE DE DIENTE DE LEÓN: Limpiar 200 gramos de raíz y dejar macerar en 1 litro de aceite de oliva, 1 mes. Dejar a la sombra y remover de vez en cuando, para que los ingredientes se mezclen bien. Al cabo de ese tiempo, colar bien y guardar en un tarro. El aceite tiene propiedades hepáticas, pero su sabor es muy amargo. Se recomienda tomar una cucharada pequeña de ese aceite en ayunas.

PUEDE UTILIZARSE JUNTO CON LAS SIGUIENTES PLANTAS: Cardo mariano, boldo, cola de caballo, caléndula, romero...

romero

Rosmarinus officinalis

erromeroa

floración

Enero | Febrero | Marzo | Abril | Mayo | Junio | Julio | Agosto | Septiembre | Octubre | Noviembre | Diciembre

Planta aromática que puede llegar a alcanzar una altura de 1,50 metros.

Se trata de un arbusto perenne, con tallo rígido, leñoso, y muy ramificado.

Las hojas son de color verde oscuro en su cara superior, blancas o plateadas en la inferior y con los bordes enrollados hacia abajo. Las hojas son opuestas. El romero es muy frondoso.

Las flores nacen en el extremo superior de las hojas y son de color blanco-azulado y morado. El romero florece en primavera y permanece en flor durante todo el verano. Las flores se encuentran sujetas por un cáliz, dentro del cual se hallan los frutos.

Es muy abundante en la zona del Mediterráneo y muy fácil de distinguir, gracias a su característico olor. También se cultiva, como seto o como planta aromática o medicinal.

Se utiliza como planta medicinal desde la antigüedad.

Pertenece a la familia de las labiadas.

INDICACIONES Y USOS: Se debe distinguir entre el uso interno y el uso externo:

En su uso externo, es apropiada para quienes sufren de reuma, artritis o lumbalgia. Las friegas con alcohol de romero son de gran ayuda para aliviar el dolor. Después de realizar las friegas, se puede cubrir toda la zona afectada, para que el cuerpo conserve ese calor durante más tiempo. Si no se tiene alcohol, bastará con cocer un puñado de romero (35 gramos) en un litro de agua durante 15 minutos. Preparar compresas empapándolas en ese jugo y aplicarlas sobre la zona dolorida.

En caso de dolores menstruales, proceder de la misma manera, aplicando un suave masaje en la zona renal.

En dolores musculares, entumecimientos, torceduras, tortícolis, frotar la zona afectada con alcohol.

El aceite de romero puede frenar la caída del cabello. Para ello, frotar el cuero cabelludo con el aceite al acostarse y dejar actuar durante toda la noche.

Las hojas y flores de romero tienen propiedades antisépticas y cicatrizantes; se prepara una infusión, se limpia bien la herida y se cubre con una gasa. Para elaborar esta infusión, cocer 25 gramos de planta durante 10 minutos y lavar la herida con ese agua.

También se pueden tomar baños estimulantes. Cocer 50 gramos de hojas de romero en 5 litros de agua; después verter ese agua a la bañera y añadir el agua necesaria para el baño.

Tomando vahos se alivian catarros, tos, bronquitis, asma y otros problemas de las vías respiratorias. Para preparar los vahos, cocer 20 gramos de romero durante 10 minutos e inhalar ese vaho, colocando la cabeza sobre la cazuela y cubriéndola completamente. Se pueden realizar estos vahos 2 veces al día.

Para uso interno, emplear 20-30 gramos de romero por litro de agua o una cucharadita por vaso. Beber dos vasitos al día.

Se trata de una planta estimulante y tonificante y, además de estimular la actividad de varios órganos, ayuda a levantar el ánimo. Mejora el riego sanguíneo, por lo que está indicado en problemas de memoria, falta de concentración, jaquecas, nervios, debilidad mental o nerviosa... Es decir, estimula el sistema nervioso y puede resultar de gran ayuda para aquellas personas que tengan el ánimo bajo o se encuentren débiles.

También ayuda a mantener el equilibrio hepático, a evitar trombos y activar la circulación. La infusión viene bien, igualmente, en caso de problemas biliares, cirrosis, colesterol, ictericia, etc. O en problemas intestinales (para mejorar la digestión, por ejemplo) y evitar gases.

Sube la tensión arterial. Por lo tanto, PRECAUCIÓN en caso de sufrir hipertensión; está contraindicado en personas hipertensas.

ADVERTENCIA: Se desaconseja utilizar romero durante el embarazo y en caso de sufrir hipertensión o problemas renales. No realizar tratamientos internos prolongados, realizar únicamente tratamientos específicos.

RECOLECCIÓN: Las partes utilizadas son las hojas y las flores. Permanece en flor casi todo el año. Para secar el romero, hacer manojos y colgar en un lugar seco y bien ventilado, lejos del sol. Las épocas más adecuadas para su recolección son la primavera y el verano.

USO COMESTIBLE: Se trata de una planta muy utilizada en cocina: para preparar salsas, para sazonar carnes, como especia...

PRINCIPIOS ACTIVOS: Taninos, borneol, alcanfor, vitamina C, pineol, cineol, saponina, etc.

APLICACIONES: El romero se puede emplear muy diversas formas: en forma de aceite, alcohol, tintura, compresas, infusión, vaho, vino, esencia, champú, baños, pomadas...

ALCOHOL DE ROMERO: Es muy fácil de hacer. Uso externo: reuma, esguinces, torceduras y dolores renales.
Macerar 250 gramos de flor en 1 litro de alcohol de 70 grados durante 9 días. Remover suavemente todos los días. Al cabo de ese tiempo, colar bien y guardar en un frasco.

BAÑOS: Hervir 150 gramos de hojas y flores en 5 litros de agua durante unos minutos. Echar ese líquido a la bañera antes de que se enfríe y añadir el agua necesaria para el baño.

INFUSIONES: 20 gramos por litro de agua; hervir durante 10 minutos y beber 2 o 3 vasitos diarios.

ACEITE: Poner hojas y flores de romero en una jarra y cubrir con aceite de oliva. Remover a diario durante 30 días. Al cabo del mes, colar bien y guardar en un frasco. El aceite estará ya listo para su uso.

cardo mariano

Silybum marianum

astalikardua

floración

Enero | Febrero | Marzo | Abril | Mayo | Junio | Julio | Agosto | Septiembre | Octubre | Noviembre | Diciembre

Planta de ciclo bianual, que a los dos años se marchita y muere. Puede llegar a medir un metro de altura. En la parte inferior tiene una roseta basal de hojas, de la que parte un tallo vertical.

Es una planta frondosa, de hojas espinosas con borde dentado.

Son de color verde, con una especie de manchas, dibujos o motas blancas. Las hojas nacen del tallo directamente, hacia arriba, y carecen de peciolo.

Las flores son grandes, de color rosa-morado. Muchas flores simples aparecen agrupadas, formando una gran flor. Florece al final de la primavera y en verano. La cabezuela floral tiene forma de alcachofa. Cada tallo suele tener un máximo de tres cabezas, en la parte superior de la hoja. Cada cabeza tiene grandes espinas orientadas hacia fuera.

Las semillas son de unos 6-7 milímetros.

El cardo mariano habita en lugares secos y soleados.

Pertenece a la familia de las compuestas, que agrupa miles de plantas, entre otras, la alcachofa.

INDICACIONES Y USOS: El cardo mariano está especialmente indicado en enfermedades hepáticas.

Antiguamente era una planta medicinal muy popular, utilizada para curar diversas afecciones hepáticas y biliares.

Contiene una sustancia denominada silimarina, que ayuda a regenerar las células hepáticas y acelerar la síntesis de las proteínas y el flujo biliar. Se trata de una de las pocas plantas capaces de regenerar células hepáticas.

Se utiliza para proteger el hígado y ayudar a curar diversas enfermedades como la hepatitis, la cirrosis, afecciones hepáticas producidas por el alcohol, y para acelerar el flujo biliar. Para beneficiare de estos efectos, hay que beber agua de hojas de cardo mariano. Cocer 20 gramos planta por litro de agua y dejar a remojo durante 10 minutos. Se pueden beber 3 vasitos diarios; el primero de ellos en ayunas, y los otros dos después de comer y de cenar, respectivamente.

Contiene unas propiedades similares a las de la alcachofa, por lo que se utiliza también como planta diurética y depurativa. Para ello, cocer 20 gramos de cardo mariano en 1 litro de agua y tomar 4 veces al día.

Es recomendable en menstruaciones muy abundantes. También para detener otro tipo de hemorragias, como las nasales, las hemorroides, las varices... Para ello, se debe tomar una cucharada de infusión de cardo mariano cada hora, hasta que la hemorragia

APLICACIONES: Tinturas, infusiones...

TINTURA (para subir la tensión): Hacer una tintura con alcohol de 90 grados, agua y semillas de cardo mariano, macerando estos ingredientes durante 8 días. Al finalizar ese período de tiempo, colar bien. Tomar unas 15 gotas, 3 veces al día.

INFUSIONES (para regenerar y limpiar el hígado): Cocer 20 gramos de cardo mariano por litro de agua y dejar tapado durante 10 minutos. Se pueden beber 3 vasitos diarios de esta infusión.

PUEDE UTILIZARSE JUNTO CON LAS SIGUIENTES PLANTAS: Cola de caballo, zurrón del pastor, ortiga, boldo...

A MODO DE CURIOSIDAD: Se dice que la Virgen María manchó las hojas de cardo mariano al dar de mamar a Jesús, mientras lo protegía de Herodes, y que por eso sus hojas verdes tienen esas manchitas o puntitos blancos.

vaya remitiendo. Se puede tomar hasta 3 veces al día.

La tintura de esta planta ayuda a subir la tensión.

ADVERTENCIA: No es recomendable administrar cardo mariano a personas que sufren hipertensión.

RECOLECCIÓN: Pueden emplearse las raíces, las flores, las semillas y el tallo. La época indicada para la recolección es el final de la primavera y el otoño. Habita al borde de los caminos, en lugares pedregosos, secos y soleados. En Navarra es muy abundante, especialmente en la Ribera y la Zona Media. Es muy vistosa, gracias a su gran tamaño y los dibujos blancos de sus hojas.

USO COMESTIBLE: Son comestibles las hojas, el tallo y las cabezuelas florales del cardo mariano. Hay que elegir las hojas más jóvenes, hermosas y apetecibles, quitarles las espinas, trocearlas y comerlas como cualquier otra verdura. No es tóxica, por lo que se puede ingerir sin ningún peligro, cruda, en ensalada, o cocida. Antiguamente, las semillas trituradas se usaban como sustitutivas del café.

Hay quien come las cabezuelas a modo de alcachofas. Para ello, se les quitan las espinas y se cuecen. Lo más recomendable para el uso comestible es recogerla antes de que florezca.

PRINCIPIOS ACTIVOS: Silimarina, proteínas, mucílagos, taninos, albuminoides...

cola de caballo

Equisetum arvense, telmateia...

azeri buztana

floración

Enero | Febrero | Marzo | Abril | Mayo | Junio | Julio | Agosto | Septiembre | Octubre | Noviembre | Diciembre

El tamaño de la cola de caballo varía mucho, en función de su hábitat: hay plantas muy pequeñas y también las hay de grandes dimensiones.

Se distinguen dos tipos de tallo, uno de ellos fértil, y el otro, estéril. El tallo fértil nace en invierno y primavera, no da hojas y tiene una cabezuela en su extremo. El estéril, en cambio, nace en verano, al morir el fértil. Se trata de una planta curiosa, dado que el tallo crece trocito a trocito, como con nudos; de cada nudo brota un haz de hojas lineales, similares a las de los pinos.

Los tallos son huecos.

En algunos lugares, las hojas de la cola de caballo se emplean para limpiar y pulir metales como el cobre y el estaño. Por ello, esta planta es conocida también con el nombre de limpiaplata.

Se trata de una planta muy común y popular en Euskal Herria.

Pertenece a la familia de las equisetáceas.

INDICACIONES Y USOS: Las partes utilizadas son el tallo y las ramas.

La propiedad principal de esta planta es la diurética; es eficaz contra la retención de líquidos, como adelgazante y para bajar la hinchazón de las piernas. Cocer 40 gramos de planta seca durante 15 minutos en medio litro de agua; tomar 3 veces al día, a la mañana, al mediodía y a la noche.

Además de limpiar las vías urinarias, regenera la sangre y ayuda a aliviar diversas afecciones dermatológicas.

Otra propiedad importante de esta planta es la mineralización de organismos débiles, por ejemplo, en casos de anemia.

También es útil para cortar hemorragias nasales, hemorroides, menstruaciones abundantes, hemorragias renales y de vejiga... Esto es, puede emplearse tanto en hemorragias internas como externas. Para este uso, cocer 50 gramos de cola de caballo seca durante media hora en medio litro de agua. En caso de hemorragia interna, beber 3-4 vasitos al día; y en caso de hemorragia externa, limpiar la zona con una gasa empapada en la decocción. En hemorragias nasales, introducir la gasa en las fosas nasales. También se puede inspirar ese agua directamente, cogiendo un poco de agua con la mano. Para problemas dermatológicos (heridas, eccemas, úlceras, hongos, herpes, etc.), triturar las hojas y aplicarlas a modo de emplasto. Actúa como cicatrizante.

Para curar toses, catarros, bronquitis, etc., cocer 30 gramos de planta durante 20 minutos en medio litro de agua y tomar 3 veces al día.

En caso de padecer problemas de garganta, laringitis, infecciones bucales, aftas o caries, se pueden hacer gárgaras. Cocer 10 gramos de cola de caballo en un vaso de agua grande y hacer las gárgaras. Se debe cocer la planta cada vez que se vaya a hacer gárgaras.

Antiguamente, se utilizaba para tratar la tuberculosis.

RECOLECCIÓN: Habita en lugares húmedos y sombríos, cerca de ríos y caminos.

Puede recolectarse al final del verano y en otoño; una vez seca, se puede guardar durante todo el año en tarros o envuelta en un paño.

USO COMESTIBLE: No existe costumbre de comer cola de caballo, pero es comestible. Se pueden preparar caldos mineralizantes con hojas de cola de caballo.

CALDO MINERALIZANTE (para 5-6 personas): 50 gramos de ortiga, 50 gramos de cola de caballo, 1 tira de alga combu, 1 cebolla, 1 puerro, un par de espinacas, una pizca de calabaza, 1 zanahoria, 1 nabo pequeño, una pizca de apio y litro y medio o 2 litros de agua (según la cantidad o tamaño de la verdura).

Existen dos posibilidades:

1.- Cocer todos los ingredientes durante media hora, para hacer el caldo. Retirar las verduras. Tomar 3 veces al día: por la mañana, en ayunas, y antes de comer y de cenar.

2.- Hacer una sopa con las verduras. Para ello, cocer la cola de caballo, la ortiga y el combu durante 20 minutos. Mientras tanto, cortar toda la verdura en juliana y echarla a la cazuela. Hervir durante 10 minutos. Una vez hecha la sopa, se pueden extraer un par de cucharadas a otro recipiente y diluir una cucharadita de miso por comensal. Después, añadir ese agua a la sopa.

PRINCIPIOS ACTIVOS: Sílice, sales de potasio, ácido equisético, taninos...

APLICACIONES:

PARA LA HUERTA: Se puede elaborar un preparado a base de cola de caballo para matar ciertos bichos y mineralizar las verduras. Poner la cola de caballo en un recipiente y tapar con agua; se puede emplear agua de lluvia. Revolver bien a diario durante 8-9 días, hasta que se forme un macerado. Cuando esté dispuesto, mezclar 3 partes de agua limpia y una parte de ese preparado. Batir todo bien con un palo y fumigar la huerta 2-3 días.

BAÑOS: En caso de infección de las vías urinarias, para aliviar el dolor: Dejar remojar 100 gramos de cola de caballo en 2 litros de agua durante toda la noche. A la mañana siguiente, cocer y dejar reposar durante 10 minutos. Colar bien y verter el agua en la bañera o en una palangana. Añadir agua templada hasta tapar la zona renal. Permanecer durante 10-15 minutos en ese agua. Se pueden tomar baños cada 2 días, hasta que el dolor remita.

INFUSIONES: Cocer 30 gramos por litro de agua durante 15 minutos; beber 2-3 vasitos.

PUEDE UTILIZARSE JUNTO CON LAS SIGUIENTES PLANTAS: Manzanilla, zurrón del pastor, milenrama, consuelda, ortiga.

A MODO DE CURIOSIDAD: Es una planta muy antigua, incluso se la puede denominar primitiva. Parece ser que hace unos 400 millones de años había hermosos bosques de cola de caballo.

muérdago

Viscum album

mihura

floración

Enero | Febrero | Marzo | Abril | Mayo | Junio | Julio | Agosto | Septiembre | Octubre | Noviembre | Diciembre

Planta que permanece siempre de color verde-amarillento. Sus ramas y tallos son de ése mismo color.

Las hojas son opuestas, también verdes-amarillentas. Son alargadas, duras y de punta redondeada; alcanzan, como máximo, unos 8 centímetros.

Es una planta muy ramificada que crece en forma semiesférica.

El fruto consiste en una pequeña baya blanca redonda, compuesta por una única semilla. Los frutos maduran en otoño.

Las flores son amarillas y se encuentran agrupadas en racimos de tres o de cuatro flores. Florecen en primavera.

Pertenece a la familia de las lorantáceas.

Se trata de un arbusto parásito, que crece sobre otros árboles. Es habitual encontrarlo formando matas en la parte superior de muchos tipos de árboles (manzanos, perales, acacias...).

INDICACIONES Y USOS: El muérdago es una planta TÓXICA. Sus bayas pueden resultar tóxicas en su uso interno. También se pueden utilizar externamente, pero siempre con mucha PRECAUCIÓN. Para manejar esta planta, es recomendable seguir siempre las indicaciones de un experto o actuar bajo vigilancia médica. No utilizarla sin conocimiento y respetar estrictamente tanto las cantidades y medidas indicadas, como las dosis diarias. Si existe otra planta indicada para la afección que nos ocupa, es conveniente sustituir el muérdago por aquella o seguir las recomendaciones de un experto. La ingestión de las bayas puede provocar mareos, vómitos, diarreas, etc.

Uso interno: En lugar de emplear infusiones, es más conveniente dejar macerar la planta durante toda la noche y beber un vasito de ese líquido al día siguiente.

Se utiliza en afecciones cardíacas y problemas de circulación: contra la arritmia, para regular la presión sanguínea…

Se considera una planta calmante y se emplea en casos de epilepsia, entre otros.

Uso externo: Es frecuente su uso para curar sabañones, aplicándola de diversas formas,

por ejemplo: realizando lavados con la infusión o mediante baños locales de pies y manos para aliviar el dolor. Para ello, cocer 30-40 gramos de hojas en 1 litro de agua durante 10 minutos, y realizar los lavados o baños con ese agua. Activa la circulación sanguínea.

Otra posibilidad consiste en preparar una pasta a base de bayas y manteca de cerdo y aplicar sobre los sabañones 3 veces al día.

La infusión de muérdago actúa también contra las hemorroides.

Para hemorragias, úlceras, llagas o cortes, realizar lavados con infusión o aplicar alguna pomada de muérdago.

Asimismo, es útil en casos de lumbago y ciática.

ADVERTENCIA: No es conveniente emplear esta planta de forma ligera; debemos seguir los consejos de un experto o un médico. Se recomienda no utilizar con niños y mujeres embarazadas. PRECAUCIÓN: LAS BAYAS DE MUÉRDAGO SON TÓXICAS.

RECOLECCIÓN: Las partes utilizadas son las ramas, las hojas y las bayas. Se recogen en otoño e invierno.

Se trata de una planta parásita, por lo que crece sobre las ramas de otros árboles.

PRINCIPIOS ACTIVOS: Colina, acetilcolina, viscotoxina, tiramina...

APLICACIONES: Infusiones, tinturas, maceraciones, cremas, vinos, extractos, compresas, polvos...

COMPRESAS (para casos de lumbago o ciática.): Cocer 30 gramos de hoja de muérdago en 1 litro de agua un par de minutos y dejar reposar, tapado, durante 10 minutos. Al cabo de ese tiempo, empapar unas gasas en ese líquido y aplicar sobre la zona afectada. También se puede masajear la zona con esas compresas.

BAÑOS (uso externo, para sabañones): Cocer 30 gramos de hoja por litro de agua e introducir los pies en ese agua para realizar el lavado.

A MODO DE CURIOSIDAD: Muy conocida en Euskal Herria, se utiliza como planta medicinal y, además, hay tradición de colgarla en las puertas de las casas en Navidad. Según esta tradición, el muérdago es símbolo de buena suerte y fuerza; atrae las energías positivas y repele las negativas. Asimismo, se dice que para que el muérdago produzca estos efectos, debe ser regalado, y no recogido por uno mismo.

lavanda

Lavandula officinalis, L. vera, L. angustifolia...

izpilikua

Enero | Febrero | Marzo | Abril | Mayo | Junio | Julio | Agosto | Septiembre | Octubre | Noviembre | Diciembre

floración (Junio – Septiembre)

Hierba o arbustillo que puede alcanzar los 50 centímetros de altura.

Su tallo es duro, cuadrado, de color gris y muy ramificado.

Las hojas son verdes o blanquecinas, largas, finas y lanceoladas. Nacen en la parte inferior del tallo; en la parte superior se encuentran situadas las flores. Las hojas nacen a derecha e izquierda del tallo, son opuestas.

Las flores son de color azul-violeta y se encuentran agrupadas, formando espigas en la parte superior de tallo. Se trata de una planta muy empleada en cosmética, especialmente para elaborar colonias y perfumes.

Pertenece a la familia de las labiadas.

INDICACIONES Y USOS: No es conveniente realizar tratamientos de lavanda prolongados ni excederse en las cantidades de planta indicadas para cada caso.

Ayuda a curar enfermedades nerviosas. Está indicada en dolores de cabeza, mareos e insomnio, y como sedante. En caso de sufrir dolores o mareos, beber infusiones; para relajarse, tomar baños. Para preparar las infusiones, echar 40 gramos de flor en 1 litro de agua hirviendo. Retirar del fuego y dejar tapado durante 10 minutos. Pueden beberse 2-3 vasitos diarios.

Si se padece insomnio viene bien tomar baños de lavanda, también como remedio relajante.

Está indicada en digestiones difíciles o gases, en forma de infusión.

En golpes, dolores articulares o mala circulación, hacer friegas o masajes con aceite o tintura de lavanda. Es muy eficaz para aliviar estos dolores y activar la circulación sanguínea.

Para cicatrizar heridas, curar quemaduras, úlceras, eccemas, acné..., preparar una infusión, empapar una gasa en ese liquido y aplicar a modo de compresa sobre la zona afectada. Asimismo, es recomendable el ungüento de lavanda.

Para la gripe, catarros, tos..., se pueden dar friegas con alcohol de lavanda. Ayuda a aliviar la tos y a descongestionar las vías respiratorias. También se pueden realizar vahos.

En afecciones o infecciones de garganta, hacer gárgaras, un par de veces al día.

APLICACIONES: Infusiones, aceites, tinturas, agua de lavanda, baños, ungüentos, alcoholes...

INFUSIONES: Echar 40 gramos de flor en 1 litro de agua hirviendo. Dejar tapado durante 10 minutos. Colar y beber 2-3 vasitos diarios.

RECOLECCIÓN: Las partes utilizadas son las hojas y las flores.

Florece al final de la primavera y se encuentran en flor durante todo el verano.

Las flores se recogen al florecer; para secarlas, se colocan en un lugar bien ventilado, esparcidas, alejadas de los rayos del sol.

Crece principalmente en zonas montañosas, en lugares secos, abruptos, pedregosos y soleados. Pero actualmente también se cultiva en muchos jardines como planta ornamental.

PRINCIPIOS ACTIVOS: Taninos, linalol, cineol, furfurol, cumarina...

BAÑO RELAJANTE (para quienes padecen de insomnio, o en casos de gran nerviosismo): Hervir 70 gramos de flor en 2 litros de agua durante dos minutos. Colar y echar a la bañera; añadir el agua necesaria para el baño.

ACEITE (para masajes contra el reuma, heridas, eccemas...): Poner las flores en un recipiente y cubrir totalmente con aceite de oliva. Dejar macerar durante 30 días, pero removiendo la mezcla ligeramente todos los días. Al cabo de ese tiempo, colar bien y guardar en un tarro.

TINTURA (cicatrizante de heridas, quemaduras, eccemas...): Dejar macerar 250 gramos de flor seca en alcohol de 95 grados durante 15 días. Al cabo de ese tiempo, colar bien y guardar en un tarro.

PUEDE UTILIZARSE JUNTO CON LAS SIGUIENTES PLANTAS: Manzanilla, salvia, hipérico, romero, verbena, árnica...

A MODO DE CURIOSIDAD: Hay costumbre de confeccionar almohadillas de lavanda, valeriana, lúpulo y tomillo para combatir el insomnio.
La lavanda se ha utilizado desde siempre para perfumar la ropa en los armarios y ahuyentar las polillas.

siempreviva

Sempervivum tectorum

teilatuetako betibizia

Enero | Febrero | Marzo | Abril | Mayo | Junio | Julio | Agosto | Septiembre | Octubre | Noviembre | Diciembre

floración

Planta de pequeñas hojas carnosas, lanceoladas, que crece formando una especie de rosetas. Aparecen muchas plantas agrupadas formando grandes matas.

Las hojas son de color verde claro, con el extremo rojizo.

La planta no sufre variaciones de invierno a verano, permanece igual durante todo el año.

Las flores son de color rojo-rosado y nacen en una ramita que sale de las hojas. Cada flor está compuesta por 12-15 pétalos.

Es una planta muy fuerte. Le basta un pequeño trocito de tierra para vivir; dejándola sobre la superficie, es capaz de echar raíces, seguir viva y fortalecerse.

Se trata de una planta muy conocida y frecuente en Euskal Herria. Es muy popular y ha sido empleada desde siempre a modo de planta medicinal. Hoy en día, sin embargo, apenas se utiliza.

Se conocen numerosas variedades de esta planta.

Pertenece a la familia de las crasuláceas.

INDICACIONES Y USOS: Se emplea principalmente como cicatrizante, para curar sabañones, picaduras de abeja y otros bichos, durezas, quemaduras. Para ello, se cogen hojas de siempreviva, se pelan, se trituran y se envuelven en un paño, para aplicar sobre la zona afectada. Se puede realizar el tratamiento un par de veces al día.

Otro uso común de esta planta es el calmante, por ejemplo, en casos de dolor de oído. Si se trata de un problema leve, basta con coger una hoja grande de siempreviva y romper por la mitad, sin llegar a partirla del todo. Coger esos dos trozos de hoja entre los dedos, exprimir y echar un par de gotas de ese jugo al oído. Se puede hacer 2-3 veces diarias.

RECOLECCIÓN: Se halla en los tejados de casas y caseríos, entre piedras o en muros, o cultivada en macetas y jardines.

Florece al final de la primavera y permanece en flor durante todo el verano.

Se trata de una planta anual, pcr lo que no se seca para conservarla; se utilizan siempre plantas frescas.

PRINCIPIOS ACTIVOS: Taninos, mucílagos, algo de resina...

APLICACIONES: Se pueden hacer jugos, cataplasmas y ungüentos.

CATAPLASMA (para curar heridas, sabañones, picotazos de abeja, durezas, quemaduras ...): Coger un puñado de hojas, trocearlas bien, envolverlas en un paño y aplicar sobre la zona afectada, un par de veces al día, hasta que se cure el mal.

JUGO (dolores de oído leves): Coger una hoja y romper por la mitad, sin llegar a partirla completamente, preferiblemente. Exprimir el jugo de la hoja con los dedos y echar un par de gotas al oído, un par de veces al día, hasta que el dolor remita.

A MODO DE CURIOSIDAD: Es una planta muy fuerte, de ahí su nombre, siempreviva. No sufre cambios entre el verano y el invierno y le basta un pequeño trocito de tierra para vivir. Si se deposita sobre la superficie, echa raíces y logra mantenerse con vida.

Se cría en tejados, lo que demuestra lo dura que es y en qué condiciones puede llegar a vivir, si se tiene en cuenta que en los tejados apenas hay tierra.

salvia

Salvia officinalis

salbia

floración

Enero | Febrero | Marzo | Abril | Mayo | Junio | Julio | Agosto | Septiembre | Octubre | Noviembre | Diciembre

Planta aromática que puede alcanzar los 80 centímetros de altura. El tallo es leñoso en la parte inferior; en la parte superior, tiene ramitas, hojas y flores. Se trata de una planta muy ramificada.

Las hojas son alargadas, plateadas y aterciopeladas por la parte superior; por la parte inferior, sin embargo, son ásperas y rugosas. Las hojas son más pequeñas cuanto más arriba se encuentran en el tronco. Son opuestas y ovo-lanceoladas. No nacen del tallo propiamente dicho; están unidas al tallo mediante un peciolo.

Las flores son azules-violáceas o blanquecinas. Nacen en la parte superior de las hojas o del tallo, en el extremo superior de las ramas. Se encuentran agrupadas en espigas compuestas por entre 3 y 6 flores.

Pertenece a la familia de las labiadas, en la cual se agrupan diversas plantas muy conocidas como la menta, la lavanda, el romero…

INDICACIONES Y USOS: Es una planta que cuenta con numerosas y diversas aplicaciones. Siempre se ha utilizado mucho debido a sus propiedades curativas.

En su uso externo, se utiliza principalmente como cicatrizante y está indicada para muchas afecciones: afecciones orales, nerviosas, hormonales, circulatorias, dolores de cabeza, sudoración excesiva, gastroenteritis, diabetes...

Contiene unas substancias similares a los estrógenos, por lo que ayuda a regular las hormonas y los desarreglos menstruales, en cuanto a cantidad de flujo, duración de la menstruación o duración del ciclo. También es útil para los sudores y sofocos que se producen durante la menopausia. Se pueden tomar 3 vasitos diarios, después de las comidas. Cocer 15-20 gramos de hojas de salvia en 1 litro de agua un par de minutos y beber 3 vasitos diarios.

En afecciones orales y de garganta, como anginas, laringitis, afonía, llagas, encías débiles..., como antiinflamatorio. En todos estos casos, se pueden realizar enjuagues o gárgaras. Cocer 5 gramos de hojas por vaso durante 2 minutos, y realizar el tratamiento 3 veces al día.

Se ha utilizado como blanqueador dental desde antaño. Dado que antiguamente carecían de otros productos, se restregaban los dientes con hojas de salvia; hoy en día se fabrican pastas dentífricas de salvia.

Está indicado en problemas gástricos; puede tomarse junto con el romero.

Para mejorar o facilitar la digestión, cocer 2 gramos de hoja en 100 mililitros de agua, 5 minutos. Se puede combinar con manzanilla y menta. También resulta de gran ayuda el vino de salvia.

Actúa como cicatrizante de heridas y está indicado para combatir problemas dermatológicos. Para conseguir este efecto, es recomendable hacer una infusión y realizar lavados con ese agua.

En casos de fatiga física o psicológica, o si se padece insomnio, es recomendable tomar un baño relajante de salvia, ya que contiene propiedades estimulantes y tónicas. Para ello, preparar una infusión y verter ese líquido al agua de la bañera.

ADVERTENCIA: No realizar tratamientos a base de salvia durante el período de lactancia, porque puede cortar o reducir la secreción de leche.

RECOLECCIÓN: Las partes utilizadas son las hojas y las flores. Hay que secarlas a la sombra, bien esparcidas. Una vez secas, se conservan en frascos de cristal, cajas de metal o envueltas en paños.

La planta florece en junio y julio, y la época de recolección más apropiada es la que va de mayo al final del verano. Hay que recogerla antes de que florezca.

USO COMESTIBLE: No hay costumbre de usar la salvia como comestible. Pero se puede utilizar como ingrediente para elaborar algunas salsas, al igual que el romero y otras hierbas. En Provenza, hacen sopas combinando la salvia con otras plantas.

PRINCIPIOS ACTIVOS: Resina, una sustancia similar a los estrógenos, ácido fosfórico, oxálico y nítrico en forma de sal, fécula, albuminoides...

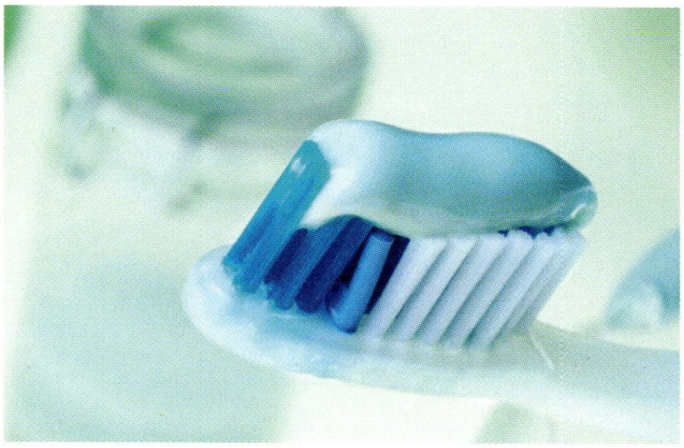

APLICACIONES: Se pueden realizar numerosos tratamientos aplicando salvia en forma de vinos, infusiones, pastas dentífrica, tinturas, compresas, baños...

PASTA DENTÍFRICA DE SALVIA:

1.- Machacar hojas de frescas de salvia, hasta que queden totalmente trituradas. Mezclar con la misma cantidad de sal gorda marina. Hornear la mezcla, 20 minutos a 175 grados. Sacar del horno, machacar en el mortero y volver a introducir al horno. Hornear durante el mismo tiempo a la misma temperatura. La segunda vez que horneemos la mezcla, quedará dispuesta para su uso como dentífrico. Lavarse los dientes cogiendo un poco de polvo con el dedo, en seco, o mojando la yema.

2.- Mezclar 2 cucharadas de arcilla verde y 2-3 gramos de sal marina y añadir agua hasta que la mezclar adquiera la consistencia de una pasta, removiendo bien. Cuando tengamos la pasta, añadir unas 5 gotas de esencia de salvia.

VINO DE SALVIA (digestivo): Dejar macerar 100 gramos de salvia en 1 litro de vino blanco durante 10 días. Al cabo de ese tiempo, colar bien. Beber ese vino como digestivo, después de las comidas.

PUEDE UTILIZARSE JUNTO CON LAS SIGUIENTES PLANTAS: Romero, lavanda, menta, tomillo...

A MODO DE CURIOSIDAD: En la Edad Media, los médicos de la escuela de Salerno dedicaron la siguiente frase a la salvia: "Quien tiene salvia en su huerta no muere nunca"

tilo

Tilia platyphyllos, vulgaris, cordata...

ezkia

Enero | Febrero | Marzo | Abril | Mayo | Junio | Julio | Agosto | Septiembre | Octubre | Noviembre | Diciembre

floración

Árbol de grandes dimensiones que puede llegar a medir más de 15 metros, de hojas muy hermosas.

Las hojas nacen en las ramas de color marrón oscuro, dos hojas de cada nudo. Son acorazonadas, pedunculadas y de color verde oscuro por su cara externa y blanquecinas por su cara interna. Tienen un nervio principal en el centro, del que salen, a izquierda y derecha, otros nervios secundarios menores. El nervio principal termina en un ápice puntiagudo.

Las flores nacen en los mismos nudos que las hojas. Nacen en grupos de tres a cinco o siete flores, en un pedúnculo o rabillo unido a una especie de escama o bráctea. Cada flor está formada por cinco pétalos blancos y, desde dentro de la flor, sobresalen numerosos filamentos blancos.

El fruto no se abre jamás.

Se trata de un árbol muy oloroso y, cuando está en flor, su aroma se percibe en todo el entorno; resulta muy atractivo para las abejas.

Podemos encontrarlo en muchos rincones de Euskal Herria: en paseos, parques, plazas...

Pertenece a la familia de las tiliáceas.

INDICACIONES Y USOS: Cocer 15 gramos de flor por litro de agua y beber 2 o 3 vasos al día. No alterar las cantidades descritas.

Se utiliza principalmente por sus propiedades relajantes y sedantes. Es muy recomendable en caso de padecer enfermedades o síntomas nerviosos.

La infusión de tilo ayuda a superar el insomnio, el cansancio y la debilidad producidas por el nerviosismo, o el estrés y los dolores de cabeza. Emplear una cucharada de flor de tilo por vaso de agua hervida.

Para facilitar la digestión, o en caso de sufrir problemas intestinales producidos por nervios, tomar una infusión de una cucharada de flor de tilo por vaso, después de comer.

También está indicado en dolores de cabeza debidos al nerviosismo.

Se puede emplear como aperitivo; en este caso, utilizar 15 gramos de flor por litro de agua. En caso de nerviosismo e inapetencia, es recomendable tomar una infusión de tilo antes de comer.

Para favorecer la sudoración, coger un puñado de hojas por vaso de agua y hacer una infusión durante 5 minutos. Es conveniente acostarse nada más tomar la infusión, sola o con un poco de miel. Es eficaz contra la fiebre.

En caso de tos o catarro, resfriado o dolor de garganta, se puede beber una infusión, endulzada con miel, con un poco de azúcar o sola. Se aconseja beber 2 o 3 vasitos diarios. También ayuda hacer vahos.

Como **cicatrizante**, aplicar el tilo en forma de **cataplasma**. Para ello, se pueden pelar las ramas en agua caliente, triturar y hacer una especie de pasta. Después, aplicar sobre la herida, para cicatrizarla o bajar la inflamación.

RECOLECCIÓN: La planta florece en junio y julio.

La parte que se utiliza en las aplicaciones terapéuticas es la flor. Por ello, es preferible quitarle la ramita o pedúnculo y utilizar únicamente la flor propiamente dicha. En cualquier caso, hay quien recoge también las hojas. El tilo se puede secar a la sombra y conservar durante todo el año, guardada en un tarro, en lugar oscuro y seco. Es conveniente renovar la planta anualmente.

PRINCIPIOS ACTIVOS: Mucílagos, azúcares, taninos, carotenos…

APLICACIONES: Infusiones, jarabes, baños, tinturas…

INFUSIÓN o DECCOCIÓN (infusión revitalizante): El tilo va bien con la manzanilla y hay mucha gente que toma infusiones hechas a base de una combinación de ambas plantas.

Cocer 10 gramos de flor seca en medio litro de agua. Dejar en infusión durante 10 minutos. Después, colar y beber un vasito endulzado con una cucharadita de miel al acostarse. Todo ello ayuda a dormir tranquilamente. Si el cansancio es muy acusado, se puede beber otro vasito a la mañana siguiente.

JARABE (tos, catarro…, 3 cucharaditas al día): Cocer 20 gramos de flor en 200 mililitros de agua. Colar y añadir 300 gramos de azúcar; mezclar todo bien y calentar hasta que la mezcla adquiera la consistencia de un jarabe. Una vez frío, se puede guardar en una botella.

CATAPLASMAS (como cicatrizante): Pelar las ramas, triturar bien y mezclar con agua hirviendo, hasta que se forme una especie de pasta. Aplicar la pasta directamente sobre la herida.

PUEDE UTILIZARSE JUNTO CON LAS SIGUIENTES PLANTAS: Manzanilla, espino blanco, saúco, cola de caballo, zurrón del pastor…

A MODO DE CURIOSIDAD: Antiguamente era considerado el símbolo de la justicia y era un árbol muy apreciado.

berro

Nasturtium officinale

ur-berroa

floración

Enero | Febrero | Marzo | Abril | Mayo | Junio | Julio | Agosto | Septiembre | Octubre | Noviembre | Diciembre

Planta que puede alcanzar los 80 centímetros de altura. Su tallo es muy ramificado y rígido, y suele tener numerosos nudos de los que brotan pequeñas ramas. Los berros suelen aparecer a menudo medio enterrados en el suelo.

Las hojas son de color verde claro y cuentan con 3 folíolos en su parte superior, uno en el extremo y los otros dos más abajo, opuestos; y otros 5-9 folíolos en su parte inferior. El de la parte superior es de mayor tamaño, acorazonado y generalmente lanceolado.

Las flores son blancas, con un toque púrpura. Son pequeñas y están formadas por cuatro pétalos. Nacen en la parte superior de los tallos.

El fruto consiste en una pequeña vaina curva.

Pertenece a la familia de las crucíferas.

INDICACIONES Y USOS: Puede resultar útil en casos de anemia. Por su alto contenido en vitaminas y minerales, es muy recomendable para combatir la falta de hierro, como aperitivo y como mineralizante.

Se pueden aplicar cataplasmas en casos de reuma. Para ello, triturar las hojas de berro, envolver en un paño y aplicar sobre la zona afectada por el reuma. También viene bien comer ensalada de berros.

Es expectorante y adecuado para tratar bronquitis o problemas pulmonares. Para ello, dejar macerar durante toda la noche 4-5 gramos de berro en 250 mililitros de agua. Macerar durante 10-12 horas y, a la mañana siguiente, colar y beber el líquido. Se puede aplicar el tratamiento durante unos 3 días.

También posee propiedades hepáticas. Para beneficiarse de ellas, se pueden triturar los berros en el mortero. Envolver en un paño y escurrir bien, hasta exprimir todo el jugo. Tomar 15-20 gramos de ese jugo al día.

Aplicado en forma de cataplasma es cicatrizante y ayuda a curar eccemas, irritaciones, etc. Se trituran las hojas, se envuelven en un paño y se aplica la cataplasma sobre la zona a tratar. Realizar el tratamiento un par de veces al día, hasta que el problema remita.

ADVERTENCIA:

- Las mujeres embarazadas no pueden tomar berro, dado que puede resultar abortivo.
- También está contraindicado en casos de úlcera gastroduodenal.

- Hay que tener cuidado con el agua en el que se encuentran los berros. Ha de ser un agua limpia, alejada de lugares en los que hay animales, porque de lo contrario podríamos sufrir alguna infección.

RECOLECCIÓN: La parte utilizada son las hojas. El berro nunca se emplea seco, sino fresco. Hay que recoger las hojas antes de que la planta florezca y escoger siempre las hojas más jóvenes y hermosas. Florece a partir del mes de abril, la mejor época para la recolección es el final del invierno o el principio de la primavera.

Se halla en ríos, fuentes, lagos, manantiales, etc. Generalmente en lugares húmedos, en el agua. Pero preferiblemente en aguas limpias. Puede llegar a formar verdaderos prados en el agua; algunos berros crecen fuera del agua y otros dentro del agua.

USO COMESTIBLE: El berro es más agradable crudo que cocido, en ensalada, por ejemplo. Tiene un sabor bastante picante, parecido al de la mostaza. Para uso comestible, se recoge antes de la floración, eligiendo los ejemplares más jóvenes, que son los menos amargos.

PASTA CON SALSA DE BERROS (para cuatro personas): 500 gramos de cinta de huevo (pasta), 100 gramos de berro.

Para la salsa: 100 gramos de berro, 25 gramos de mantequilla, 25 gramos de harina, 500 mililitros de leche, queso.

Poner a cocer la pasta en agua con sal. Mientras tanto, hervir los berros durante 2 minutos, retirar el líquido y trocear bien.

Derretir la mantequilla, añadir la harina y mezclar; verter la leche poco a poco, removiendo continuamente (si echamos la leche caliente, evitaremos que se formen grumos). Cuando tengamos la salsa preparada, añadir los berros y cocer un poco. Sazonar con sal.

Quitar el agua a la pasta, pero no enfriar. Cuando hayamos quitado todo el líquido, añadir la salsa de berros.

PRINCIPIOS ACTIVOS: Vitaminas A, B, C y D, minerales como sodio, hierro, manganeso...

APLICACIONES: Maceraciones, cataplasmas y ensaladas.

MACERACIONES (para el hígado): Dejar macerar los berros durante 12 horas, colar y beber el líquido.

CATAPLASMAS: Triturar las hojas de berro, envolver en un paño y aplicar sobre la zona afectada por el reuma.

PUEDE UTILIZARSE JUNTO CON LAS SIGUIENTES PLANTAS: Achicoria, cebolla, lechuga...

bardana

Arctium lappa

lapa-belarra

Enero | Febrero | Marzo | Abril | Mayo | Junio | Julio | Agosto | Septiembre | Octubre | Noviembre | Diciembre

floración

Planta bienal que puede llegar a superar el metro de altura. El primer año, nacen a ras del suelo unas hojas basales que forman una especie de roseta de unos 30-50 centímetros, a partir de una raíz gruesa. El segundo año, emergen un tallo grueso y tieso, ramitas, hojas más pequeñas y flores.

Se trata de una planta muy ramificada y con muchas hojas.

Las hojas son de color verde en su cara superior y blanquecinas en la inferior. Las hojas que se encuentran cerca del suelo se hacen muy grandes. Pero cuanto más arriba se encuentran situadas la hojas en el tallo, más pequeñas son.

Las flores son de color verde por fuera y en la parte interna tienen una florecilla de color rojo púrpura, protegida por unas brácteas que se pegan en la ropa y el pelo de los animales.

Se trata de una planta muy común en Euskal Herria.

Pertenece a la familia de las compuestas.

INDICACIONES Y USOS: Es antiséptica y ayuda a limpiar la piel, en caso de herpes, acné, eccemas... Es recomendable aplicar cataplasmas de raíces de bardana o realizar lavados con sus hojas. Para preparar las cataplasmas, limpiar 40 gramos de raíces y cocerlas en un litro de agua durante 30 minutos. Triturar con un tenedor la pasta formada al evaporarse el agua y colocar esa pasta entre dos gasas. Aplicarla sobre la zona a tratar, un par de veces al día durante los días que resulte necesario. También son eficaces las friegas de aceite de bardana.

Las cataplasmas de bardana son recomendables también para tratar forúnculos. Alivian el dolor y ayudan a curar el forúnculo y a evitar que se reproduzca. Aplicar cataplasmas y realizar lavados con infusión de hojas de bardana.

Aplicándolas un par de veces al día alivian los dolores provocados por la artritis, la gota y el reuma. Se puede conseguir este mismo efecto masajeando la zona afectada con aceite de bardana.

La infusión tiene propiedades diuréticas. Para ello, hervir 30 gramos de raíces en 250 mililitros de agua. Colar y beber un par de veces al día.

RECOLECCIÓN: Se utilizan principalmente las raíces, pero también se pueden recolectar las hojas. La época indicada para recoger las raíces es la primavera. Es conveniente emplear raíces secas, pero se pueden secar y conservar durante todo el año. Para ello, se limpian bien, se trocean y se secan al sol. Las hojas se recogen antes de la floración y se secan depositándolas en un lugar sombrío.

La planta florece en verano.

Se cría en lugares no cultivados, cerca de casas y caminos, en paredes, etc.

USO COMESTIBLE: Las hojas jóvenes son comestibles, si bien no hay mucha costumbre de comerlas.

PRINCIPIOS ACTIVOS: Inulina, minerales, mucílagos, taninos, proteínas...

APLICACIONES: Infusiones, cataplasmas, jugos, vinos, ungüentos, aceites...

CATAPLASMAS (para diversas afecciones dermatológicas como herpes, eccemas...): Triturar 40 gramos de hojas frescas, echar en un poco de agua y cocer hasta que el agua se evapore completamente. Desmenuzar la sustancia que nos queda con un tenedor, hasta que se forme una especie de pasta. Después, colocar entre dos gasas y poner la cataplasma sobre la zona afectada, un par de veces al día durante los días que resulte necesario.

Como cicatrizante: triturar las hojas, envolver en un paño y aplicar sobre la zona a tratar, un par de veces al día.

INFUSIONES (para problemas dermatológicos como eccemas, acné, forúnculos...): Hervir 20 gramos de raíces frescas en agua durante 15 minutos. Beber 2-3 vasitos de ese agua al día.

ACEITE (para problemas dermatológicos, reuma...): Calentar a baño maría una parte de raíz triturada de bardana por cinco partes de aceite de oliva durante un par de horas. Dejar reposar 10-12 horas. Después, colar bien y guardar en tarros.

PUEDE UTILIZARSE JUNTO CON LAS SIGUIENTES PLANTAS: Cola de caballo, ortiga, achicoria, cardo mariano.

amapola

Papaver rhoeas

mitxoleta

Enero | Febrero | Marzo | Abril | Mayo | Junio | Julio | Agosto | Septiembre | Octubre | Noviembre | Diciembre

floración

Planta que puede alcanzar una altura de 40-60 centímetros. Está compuesta por un tallo principal, del que brotan un par de ramitas, pero no se trata de una planta muy ramificada. Las hojas y flores aparecen tanto en el tallo principal como en las ramitas secundarias.

Todas las ramas son vellosas y en cada una de ellas nace una flor.

Las hojas son dentadas, con dientes bastante marcados.

Las flores aparecen cerradas y caídas hacia abajo al principio, en el interior de una especie de cubierta verde; pero a medida que maduran, se van transformando en unas vistosas flores de color rojo chillón. Están compuestas por 4 pétalos y suelen tener una mancha negra en el centro.

Toda la planta está cubierta de una fina pelusa, sobre todo el tallo.

El fruto consiste en una cápsula que contiene numerosas semillas.

Al cortar la amapola emana de ella un látex blanco de olor desagradable.

Pertenece a la familia de las papaveráceas.

INDICACIONES Y USOS: Tiene muchas aplicaciones, pero sus propiedades más apreciadas son la sedante y la antitusígena.

Se emplea como adormecedora, especialmente en casos de insomnio originado por nerviosismo o ansiedad. Es recomendable beber infusión de flores de amapola al acostarse. Para ello, verter 5 gramos de flor a un litro de agua hirviendo. Colar antes de que se enfríe y beber un vasito.

Como antitusígeno, y si la tos es crónica, tomar en el momento de acostarse la infusión anteriormente citada.

También está indicada para limpiar y suavizar la piel. Para ello, hay que dejar macerar flores de amapola en agua durante toda la noche. Al día siguiente, colar y realizar una limpieza de cutis con ese agua. Realizar la limpieza una sola vez no es muy eficaz, pero si se hace habitualmente, la piel se mantiene suave y tersa.

Como colirio, para lavados oculares, hacer una infusión, empapar una gasa en el líquido y aplicar sobre las ojeras.

Es útil contra el dolor de muelas, haciendo gárgaras con la infusión.

En anginas, afonía..., echar 10 gramos de flor de amapola en un litro de leche hervida. Dejar tapado durante 3 minutos y, después, colar, endulzar con un poco de miel y hacer gárgaras.

ADVERTENCIA: No es conveniente emplearla sin el conocimiento debido; no realizar tratamientos prolongados. No administrar a mujeres embarazadas o durante la lactancia y tomar precauciones antes de administrarlo a los niños.

RECOLECCIÓN: Se utilizan fundamentalmente las flores y las cápsulas. Florece en primavera y permanece en flor hasta el verano. Para secar las flores, lo más recomendable es cogerlas en flor, antes de que se marchiten, pues languidecen enseguida. Nada más recogerlas, esparcirlas a la sombra, para que se sequen. Al secarse pierden su

intenso color rojo original y adquieren un tono más violáceo.

La amapola crece en terrenos baldíos y caminos.

USO COMESTIBLE: Las semillas de amapola se utilizan como ingrediente para elaborar pasteles, panes y aceites.

PRINCIPIOS ACTIVOS: Alcaloides, mucílagos, antocianos...

APLICACIONES: Infusiones, tinturas, jarabes, maceraciones...

INFUSIÓN (contra la tos, como relajante...): 5 gramos de flor por litro de agua. Hervir el agua y echar las flores; colar y beber un vasito al acostarse, antes de que se enfríe.

COLIRIO (para lavados oculares): Hervir 4 flores en 150 gramos de agua, empapar una gasa y colocar sobre los ojos.

PUEDE UTILIZARSE JUNTO CON LAS SIGUIENTES PLANTAS: Tilo, tusilago, pulmonaria, saúco, llantén...

saúco

Sambucus nigra

intsusa

Enero | Febrero | Marzo | Abril | Mayo | Junio | Julio | Agosto | Septiembre | Octubre | Noviembre | Diciembre

floración

Arbusto que puede llegar a alcanzar una altura de 6-8 metros, muy ramificado.

Las flores están compuestas por cinco pétalos blancos. Son flores muy pequeñas y aparecen agrupadas, formando vistosos racimos. Son aromáticas.

Cada hoja cuenta con 5-9 folíolos, opuestas, excepto en el extremo superior, donde veremos una única hoja. Son hojas lanceoladas y dentadas.

Los frutos son negros, carnosos y pequeños. Contienen un colorante púrpura.

Una de las plantas más comunes, populares y abundantes de Euskal Herria.

Pertenece a la familia de las caprifoliáceas.

INDICACIONES Y USOS: Tiene varias indicaciones.

Las flores ayudan a aliviar afecciones y enfermedades de las vías respiratorias (catarro, gripe, bronquitis...), también a bajar la fiebre, al facilitar la sudoración; son expectorantes y actúan contra la inflamación de las vías respiratorias. En todos estos casos, se aplican infusiones de flores. Para preparar las infusiones, emplear 20-30 gramos de flor por litro de agua. Se puede tomar la infusión 2-3 veces al día.

Para curar heridas, quemaduras, golpes, herpes, sabañones, etc., utilizar ungüentos, preparados con la corteza secundaria de las ramas.

En caso de conjuntivitis, orzuelos..., preparar una infusión con 20 gramos de flor y realizar lavados oculares.

Para limpiar el cutis, hacer una infusión de flores. Verter el líquido en un recipiente grande y acercar la cara al mismo, estando la infusión aún caliente, para hacer vahos. De esta manera, se abrirán los poros y, realizando estos vahos constantemente, se conseguirá mantener el cutis terso.

RECOLECCIÓN: Las partes utilizadas son las flores, las hojas, los frutos y la segunda corteza.

Le gustan los bosques, caminos y ríos.

La planta florece entre primavera y verano. La época recomendada para la recolección de flores es el verano; para los frutos, el final del verano o el otoño; y para la corteza, también el otoño.

Excepto los frutos, el resto se puede conservar durante todo el año. En ese caso, e recomienda guardar cada parte en un recipiente, sin mezclarlas.

USO COMESTIBLE: El saúco es comestible, tanto las flores como los frutos.

Las bayas se comen cuando están maduras; si no, pueden resultar muy amargas y difíciles de cocer. Con los frutos se pueden preparar mermeladas, jaleas, jugos, vinos, etc.

Las flores también se comen. Lo más aconsejable es rebozarlas y freírlas en aceite muy caliente; después, se les puede echar un poco de azúcar por encima.

PRINCIPIOS ACTIVOS: Minerales, vitamina C, taninos, colina, alcaloides...

APLICACIONES: El saúco puede emplearse en forma de infusión, mermelada, jalea, tintura, vino, ungüento, etc.

INFUSIÓN (catarro, gripe, bronquitis...): Hervir 20-25 gramos de flor en 1 litro de agua durante 3 minutos y dejar reposar, tapado, durante otros 5 minutos. Se puede tomar la infusión 2-3 veces al día.

UNGÜENTO (afecciones de la piel, quemaduras, heridas, herpes...): Poner a calentar 30 gramos de segunda corteza en medio litro de aceite. Calentar, pero sin llegar a tostar. Después, derretir 100 gramos de cera al fuego. Cuando la cera se haya derretido completamente, añadir la mezcla de aceite y saúco, bien colada. Remover suavemente y guardar en tarros, sin dejar enfriar totalmente.

PUEDE UTILIZARSE JUNTO CON LAS SIGUIENTES PLANTAS: Tila, malva, caléndula, achicoria, tusilago, pulmonaria...

A MODO DE CURIOSIDAD: Los griegos fabricaban un instrumento musical llamado *sambuke* con ramas de saúco; al parecer, de ahí deriva el nombre latino de la planta (*Sambucus*).

milenrama

Achillea millefolium

milorria

Enero | Febrero | Marzo | Abril | Mayo | Junio | Julio | Agosto | Septiembre | Octubre | Noviembre | Diciembre

floración

Planta que puede llegar a alcanzar un metro de altura, pero que habitualmente mide 30-60 centímetros. Está compuesta por un tallo erguido, del que salen unas ramitas en las que nacen las hojas. Las hojas son pequeñas, finas y brillantes, de color verde. Se trata de una hojas muy particulares, muy divididas en pequeñas hojitas; de esa característica proviene el nombre de milenrama. Es su nombre más popular, pero esta planta es también conocida con el nombre de hierba de Aquiles, entre otros.

Las flores son muy pequeñas y aparecen agrupadas en la parte superior de la planta. Son de color blanco o rosa muy pálido. Están formadas por cinco pétalos y en su interior se aprecian unas pequeñas flores blancas-amarillas de forma tubular. Su período de floración va de julio a octubre.

Se trata una planta muy olorosa, con un aroma muy característico.

Es muy popular y frecuente en Euskal Herria.

Pertenece a la familia de las compuestas.

INDICACIONES Y USOS: Se emplea como cicatrizante y emoliente, para curar llagas, úlceras, eccemas, heridas...

Coger un manojo grande de hojas y machacar. Cuando estén bien trituradas, ponerlas sobre la heridas y cubrirlas con una gasa o tela. Está indicada también en casos de heridas sangrantes; ayuda a cerrar la herida y detener la hemorragia.

Generalmente, se emplean dos cucharaditas de planta por vaso de agua y se renueva la infusión cada vez que se emplea. Se pueden tomar hasta 3 infusiones diarias: una por la mañana, en ayunas, y las otras dos, después de la comida y después de la cena, respectivamente.

Se conoce y se utiliza como sustitutiva de la manzanilla. Por ejemplo, en problemas intestinales, dolor de tripa, gases, digestiones difíciles, afecciones biliares, inapetencia, gastritis crónica o grave...

Tiene propiedades hemostáticas y se usa tanto en hemorragias internas como externas. En menstruaciones abundantes, hemorragias nasales... Es eficaz contra las almorranas, en forma de vahos, por ejemplo. También se pueden beber infusiones o realizar lavados con agua de infusión, para calmar y aliviar el dolor.

En casos de menstruación dolorosa e irregular o para calmar los sofocos de la menopausia..., tomar 3 vasitos al día.

Para cortar diarreas, es bueno beber infusiones de milenrama.

Las gárgaras de infusión están indicadas contra afecciones o dolores de garganta, orales o dentales.

En casos de cansancio, produce un efecto tonificante y revitalizador. Por ejemplo, si ha habido un gran esfuerzo físico o se ha caminado mucho, es muy recomendable la infusión, endulzada con una pizca de miel.

RECOLECCIÓN: Las partes utilizadas son las hojas y las flores y se recomienda recogerlas cuando la planta está en flor. Dado que florece en verano, la época de recolección más indicada va de julio a septiembre. Hay que cortar el tallo, un poco más abajo de la flor. Si una vez recogida se quiere conservar, es conveniente secarla al sol, aunque también se puede hacer a la sombra. Después de secarla, guardarla en un lugar oscuro y seco, envasada en tarros. Las raíces no se utilizan.

Es muy popular en Euskal Herria y se encuentra junto a caminos, lugares húmedos, praderas y lugares despejados, aunque también en parajes secos y soleados.

USO COMESTIBLE: Las hojas son comestibles, en forma de sopa o como verdura. También se emplea para elaborar mantequillas especiales y a modo de requesón.

PRINCIPIOS ACTIVOS: Taninos, colina, aquileína, aceites esenciales, azuleno, glicerina, ácido oleico y linoléico... La aquileína es la sustancia que le da amargor.

APLICACIONES: Infusiones, tinturas, ungüentos, vinos, jarabes...

UNGÜENTO DE MILENRAMA (para detener hemorragias o contra almorranas): Poner 35 gramos de milenrama al fuego en 250 centilitros de aceite de oliva; hay que tener cuidado de que la planta no llegue a quemarse, siempre intentando extraer toda su sustancia. Después, deshacer unos 30 gramos de cera al fuego y mezclar bien. Cuando se temple, colar la mezcla y guardar el ungüento en tarros.

VINO DE MILENRAMA (aperitivo): Dejar macerar 10 gramos de flor en 1 litro de vino dulce durante un par de semanas. Colar y tomar como aperitivo: 1 vasito.

PUEDE UTILIZARSE JUNTO CON LAS SIGUIENTES PLANTAS: Zurrón del pastor, salvia, parietaria, ortiga...

A MODO DE CURIOSIDAD: Al parecer el nombre Achillea se debe a que la madre de Aquiles utilizaba esta planta medicinal para curar las heridas a su hijo.

eucalipto

Eucalipto globulus

eukalipto

floración | Enero | Febrero | Marzo | Abril | Mayo | Junio | Julio | Agosto | Septiembre | Octubre | Noviembre | Diciembre | floración

Árbol de grandes dimensiones que puede llegar a alcanzar los 100 metros de altura. Se desarrolla rápidamente y se mantiene verde durante todo el año. Su tronco es grueso y duro, de color grisáceo.

Las hojas difieren en su forma y color según su edad. Las jóvenes son verdes-azuladas, opuestas y ovaladas. Carecen de pedúnculo y se encuentran recubiertas de una pruina que se desprende al frotarlas con el dedo. Las hojas maduras, las nacidas en las ramas más antiguas, son más alargadas que las jóvenes, tienen el pedúnculo duro y se hallan curvadas en forma de hoz; al contrario que las jóvenes, éstas no son opuestas y se encuentran repartidas por toda la rama.

Las flores nacen solitarias en las axilas de las hojas. Son blanquecinas-rojizas, cónicas, algo curvadas o arrugadas y están recubiertas de pruina. No tienen pétalos; consisten en una especie de cono rígido con tapa. Al brotar la flor, la tapa de este cono se abre y de él se liberan cientos de estambres de fibra blanca que se encuentran agrupados en su interior en forma de racimo.

El fruto es una cápsula que contiene y libera numerosas semillas.

Se trata de una planta muy conocida y utilizada en Euskal Herria.

Pertenece a la familia de las mirtáceas y se han encontrado más de mil especies distintas. El eucalipto es

originario de Australia, pero se ha aclimatado muy bien a nuestra tierra. Se conoce como el árbol de la salud y fue importado a Europa en el siglo XIX.

Es una planta en torno a la que se ha generado gran polémica. Hay quienes se muestran favorables a cultivarla (para explotarla como planta maderera, para hacer pasta de papel, para elaborar aceites esenciales, miel, postres...); sin embargo, sus detractores argumentan que es un árbol que desertiza, acidifica y desmineraliza el suelo.

INDICACIONES Y USOS: No hay que excederse en las dosis indicadas y no es conveniente realizar tratamientos de más de 10 días de duración.

Se emplea principalmente para realizar vahos. En muchas casas, sobretodo antiguamente, se ponía una cazuela con agua y hojas de eucalipto al fuego, para que no se resecara el ambiente y como ambientador doméstico.

Se recomienda respetar estrictamente las dosis en su uso interno, dado que puede resultar nocivo y puede provocar gastroenteritis, náuseas, problemas respiratorios... Para preparar la infusión, trocear las hojas previamente.

En gripes, tos, catarro, asma, resfriados, problemas pulmonares..., resulta apropiado hacer vahos. Para ello, poner un puñado de hojas de eucalipto en una cazuela grande y hervirlas durante un par de minutos. Después, acercar la cabeza a la cazuela, cubrirla con un paño e inhalar el vapor de la cazuela, hasta que el líquido se enfríe. Se puede proceder de la misma manera utilizando esencia de eucalipto. En ataques de asma fuerte, se pueden añadir 10 gotas de tintura.

Cuando empiezan a notarse los primeros síntomas de la gripe, resulta de gran ayuda tomar vahos de eucalipto. Antiguamente, para combatir este tipo de afecciones, quemaban hojas de eucalipto sobre una plancha caliente e inhalaban ese humo 2-3 veces al día.

También actúa como febrífugo. Para conseguir este efecto, se toma eucalipto en forma de infusión, empleando 4-5 hojas por litro de agua. En algunas zonas es muy utilizado con ese fin.

Para dolores de garganta, faringitis, laringitis, afonía, anginas, llagas o úlceras bucales..., es conveniente hacer vahos o tomar infusiones. Según el caso, puede resultar recomendable hacer gárgaras. Para ello, cocer 10 gramos de hoja en medio litro de agua un par de minutos e ir haciendo gárgaras con ese líquido durante todo el día.

El eucalipto es eficaz para limpiar algunas heridas, como quemaduras, algunos tipos de herpes... Para ello cocer 5-6 hojas en medio litro de agua durante un par de minutos y realizar lavados con ese agua; actua como desinfectante y cicatrizante.

En casos de sinusitis, hacer vahos de eucalipto. Como complemento de este tratamiento, se puede masajear la zona con algún ungüento adecuado para la sinusitis.

Para reuma, gota, dolores musculares, hinchazones..., masajear la zona con aceite de eucalipto.

RECOLECCIÓN: Se trata de un árbol que necesita mucha agua para su desarrollo, por lo que se encuentra en zonas húmedas o acuosas; también necesita sol. Florece en otoño-invierno.

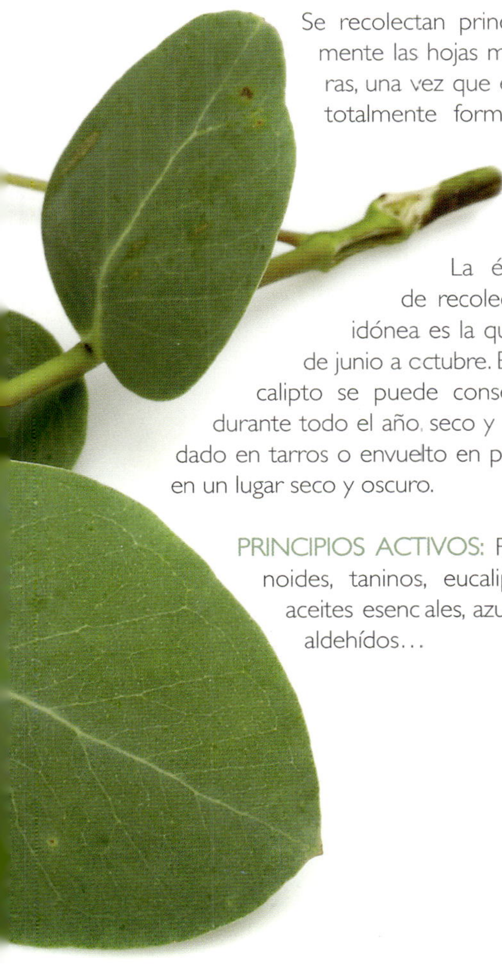

Se recolectan principalmente las hojas maduras, una vez que están totalmente formadas.

La época de recolección idónea es la que va de junio a octubre. El eucalipto se puede conservar durante todo el año, seco y guardado en tarros o envuelto en paños, en un lugar seco y oscuro.

PRINCIPIOS ACTIVOS: Flavonoides, taninos, eucaliptina, aceites esenciales, azuleno, aldehídos...

APLICACIONES: Se aplica principalmente en forma de vahos, pero también se hacen infusiones, tinturas, vinos, esencias, aceites, jarabes, ungüentos...

Es un árbol que resulta muy atractivo para las abejas, gracias a lo que se pueden hallar mieles de eucalipto de propiedades excepcionales.

TINTURA: Dejar macerar 10 gramos de hoja fresca en 100 centilitros de alcohol de 60 grados una semana. Después de macerar, colar bien y guardar en un frasco. Dado que la medida de las dosis de tintura son las gotas, conviene conservar la tintura en un frasco o botella que permita dosificar su contenido de esta forma.

INFUSIONES: Utilizar 4-5 hojas trituradas por litro de agua. Se hierven durante 10 minutos y se dejan en reposo otros 10 minutos. Beber 2-3 vasitos diarios.

UNGÜENTO DE EUCALIPTO (para masajear pecho y espalda en casos de catarro, gripe, tos...): Poner 100 gramos en aceite de oliva al fuego y añadir 25 gramos de cera. Cuando la cera comience a derretirse, añadir 40 gotas de esencia de eucalipto y remover bien. Guardar el ungüento en tarros, antes de que se enfríe totalmente.

PUEDE UTILIZARSE JUNTO CON LAS SIGUIENTES PLANTAS: Tusilago, manzanilla, flor de primavera, romero, salvia, menta...

vara de oro

Solidago virgaurea

urrezko makila

Enero | Febrero | Marzo | Abril | Mayo | Junio | Julio | Agosto | Septiembre | Octubre | Noviembre | Diciembre

floración

Planta de entre 20 centímetros y 1 metro de altura.

Las plantas jóvenes no suelen ser muy ramificadas, pero, una vez maduras, cuentan con numerosas ramas cilíndricas, gruesas y rígidas.

Las hojas son elípticas, largas y con los bordes algo dentados. Las hojas de la parte superior son más estrechas, elíptico-lanceoladas. Brotan de forma muy irregular.

Las flores son de color amarillo y nacen en la parte superior de la planta, formando grandes racimos. La rama principal se divide en pequeñas ramitas, formadas cada una de ellas de abundantes flores, siempre en su parte superior.

Se trata de una planta muy conocida en Euskal Herria.

Pertenece a la familia de las compuestas.

INDICACIONES Y USOS: Se pueden tomar unos 20 gramos diarios, repartidos en 2-3 tomas.

Está especialmente indicada como planta diurética, en casos de inflamación renal, dolores o cistitis. También en casos de retención de líquidos o para favorecer la secreción de la orina.

Para el colesterol, la gota..., hacer una infusión de flores, cociendo 20 gramos de planta por litro de agua, y tomar 2-3 vasos diarios.

Tiene propiedades antiinflamatorias. Se puede administrar en forma de infusión.

Ayuda a detener la diarrea. Para los niños, se puede preparar un jarabe de flores de vara de oro.

Cicatriza heridas tanto externas como internas. Para curar aftas o llagas bucales, por ejemplo, conviene hacer gárgaras y para tratar heridas externas, aplicar cataplasmas. Resulta de gran utilidad en afecciones dermatológicas como eccemas, hongos, granos... La infusión puede ser empleada para limpiar heridas.

Se trata de un buen expectorante y ayuda a descongestionar las vías respiratorias, en casos de crisis asmáticas o tos. Para beneficiarse de este efecto, se pueden hacer jarabes, además de las citadas infusiones.

RECOLECCIÓN: Las partes utilizadas son las hojas y las flores. La floración comienza al final del verano, pero en algunas zonas se puede encontrar en flor aún en noviembre. Dado que se emplean las hojas y las flores, hay que recogerla una vez haya florecido totalmente y conservarla durante todo el año. La mejor manera de secarla, es colgándola o esparciéndola bien en el suelo. Una vez seca, guardarla en un lugar seco y oscuro, en botes de cristal o envuelta en paños.

Se halla al borde de los caminos, en laderas pedregosas, prados, bosque abierto, entre zarzas... Le gustan tanto la costa como las zonas montañosas.

PRINCIPIOS ACTIVOS: Saponinas, taninos, astragalina, aceites esenciales...

APLICACIONES: Se puede aplicar la vara de oro en forma de infusión, jarabe, tintura, vino, polvos, cápsulas...

JARABE (diarreas, catarros y tos): Cocer 150 gramos de planta en medio litro de agua durante 10-12 minutos. Dejar macerar medio día y, después, colar bien. Añadir medio kilo de azúcar moreno mientras se va calentando la mezcla, que irá adquiriendo la consistencia de un jarabe. Remover y calentar, hasta que el jarabe esté listo.

CATAPLASMAS (cicatrizante): Coger hojas y flores y triturarlas bien. Envolver en un paño y aplicar sobre la zona a tratar.

PUEDE UTILIZARSE JUNTO CON LAS SIGUIENTES PLANTAS: Cola de caballo, diente de león, llantén, hipérico...

aloe

aloe

Aloe vera, Aloe barbadensis, Aloe saponaria

Enero | Febrero | Marzo | Abril | Mayo | Junio | Julio | Agosto | Septiembre | Octubre | Noviembre | Diciembre

floración

Planta de hojas verdes, duras y carnosas, alargadas y afiladas. Tienen los bordes espinosos y dentro de las hojas se encuentra almacenado el gel que se emplea como sustancia terapéutica.

Las flores son de color amarillo, naranja, rojo, o una combinación de ellos. Las flores nacen más arriba que las hojas y su período de floración es la primavera o el otoño, según la especie.

Algunas especies de aloe pueden llegar a alcanzar un metro de altura.

Una de sus principales características es la propiedad cicatrizante; si se agujerea una hoja o se realiza un corte en la planta, se puede comprobar que la propia planta tiene capacidad para cerrar esa herida y evitar que el gel salga. Al parecer, fue al descubrir esa cualidad cuando el ser humano se percató de que la planta podía tener propiedades curativas.

Existen muchos tipos de aloe, unas 250 variedades, aproximadamente. Algunas son originarias de África, otras de Sudamérica, Asia, Europa…

En cualquier caso, se trata de una planta que se cría en lugares secos y soleados.

Pertenece a la familia de las liliáceas, de la que forman parte plantas tan conocidas para nosotros como el ajo o la cebolla.

HISTORIA: Se ha venido utilizando desde la antigüedad en casi todo el mundo y por diferentes culturas. Se han encontrado referencias al aloe desde antes de Cristo hasta nuestros días, en diferentes épocas y lugares. Muestra de ello es la creencia de que la reina egipcia Cleopatra se bañaba o lavaba en jugo de aloe, o la información que dice que en el año 500 a.C. la isla de Socotora, en África, se hizo muy famosa porque los nativos plantaban aloe. Por lo visto, llegaron a cultivar grandes plantaciones y, gracias a esta planta, desarrollaron relaciones comerciales con el Tíbet, Mesopotamia, China o la India. Durante la Edad Media también fue muy apreciada y se extendió mucho, sobre todo hacia el norte de Europa.

Así hemos llegado hasta nuestros días a través de los siglos y, actualmente, sigue siendo muy popular y utilizada.

INDICACIONES: Existen libros monográficos dedicados al aloe, lo que proporciona una idea de sus numerosas indicaciones. Además, durante los últimos años su popularidad ha aumentado notablemente.

Se emplea fundamentalmente como planta de uso tópico (externo), aunque también tiene usos internos.

Se trata de una planta muy recomendable para combatir afecciones dermatológicas: para secar pieles grasas, curar y cicatrizar heridas, sanar quemaduras, incluso solares, o eccemas, psoriaris, acné. Y como loción de masaje para después del afeitado…

Fortalece el cabello y lo regenera. Encontraremos diversas lociones y champúes de aloe en el mercado.

USOS: Se puede utilizar de dos maneras: comprando un producto preparado, o aplicando la planta directamente. Existen numerosas cremas, emulsiones para masajes, pastas dentífricas, lociones anticaída, cremas solares, anticelulíticas, zumos, jabones…, elaborados a base de aloe o que contienen aloe.

Si se tiene fiebre la planta en casa, lo más indicado es comenzar a utilizarla cuando la planta tenga unos años, 3-5 años, aproximadamente.

APLICACIONES: En el mercado existen numerosos productos elaborados a base de aloe, como champúes, cremas, tintes, jabones, zumos, ungüentos...

GEL DE ALOE (para el cutis, quemaduras, loción para después del afeitado, llagas, acné, piel levantada, quemaduras solares...): Coger una hoja de aloe y trocearla en pedazos de unos 5 centímetros. Extraer el máximo gel posible y aplicar sobre la zona a tratar.

PUEDE UTILIZARSE JUNTO CON LAS SIGUIENTES PLANTAS: Cola de caballo, llantén, manzanilla, malva, caléndula...

A MODO DE CURIOSIDAD: Cuentan que Cleopatra acostumbraba a utilizar gel de aloe y que gracias a ello tenía la piel tan fina.

Se coge la parte que se necesita en el momento, sin quitarle la piel exterior hasta el momento de su uso. Se puede cortar una hoja de aloe y guardar en el frigorífico 15-20 días, para cuando se necesite. No obstante, conviene cubrir los extremos con un papel, para que no se oxide. Si al ir a utilizarla se comprueba que la punta está seca, marchita, es preferible cortarla.

Para utilizar el gel de aloe externamente, quitar la corteza, envolver en un paño, aplicar sobre la zona afectada (sobre la herida, por ejemplo) y cubrir. También se puede frotar la planta directamente, como si fuera una crema (en la cara, en casos de quemaduras, tras el afeitado…).

USO COMESTIBLE: El aloe se puede comer o beber en forma de zumo. En el mercado existen muchos productos para beber. Si se opta por aloe líquido, es importante cuidar de que el envase en el que lo se adquiere sea opaco.

Una vez abierto el envase, guardarlo bien cerrado y siempre en el refrigerador.

PRINCIPIOS ACTIVOS: Vitaminas C, E y B; minerales como fósforo, calcio, potasio, hierro, magnesio, zinc; aminoácidos; encimas; azúcares (monosacáridos y polisacáridos), etc.

¿QUÉ ES LA ALOÍNA? Es una sustancia de las plantas de aloe, situada concretamente entre la piel y el gel. Es muy eficaz para uso externo, especialmente para la piel, pero hay que tener mucho cuidado en el uso interno, porque beber esta sustancia puede provocar fuertes diarreas.

achicoria

Cichorium intybus

basatxikoria

Enero | Febrero | Marzo | Abril | Mayo | Junio | Julio | Agosto | Septiembre | Octubre | Noviembre | Diciembre

floración

Planta que puede alcanzar el metro de altura, aunque, por lo general, suele ser más menuda. Tiene un tallo erguido del que salen numerosas ramas; es una planta muy ramificada.

Las hojas de la parte inferior son finas y dentadas; las de la parte superior, sin embargo, son más enteras.

Las flores, de color azul vivo, tienen un pequeño pedúnculo que las une a la rama. Generalmente, crecen en solitario, aunque también se pueden encontrar agrupadas.

En Euskal Herria, vive fundamentalmente en lugares montañosos.

Pertenece a la familia de las compuestas.

INDICACIONES Y USOS: En caso de sufrir problemas hepáticos, es recomendable tomar 3 infusiones de achicoria diarias, beber zumos de achicoria o comer ensaladas de achicoria.

Como aperitivo, se puede tomar una infusión de hojas y flores, media hora antes de comer.

También ayuda a hacer la digestión, para lo cual se puede tomar esa misma infusión, pero después de comer.

Para tratar infecciones de las vías urinarias, hervir 20 gramos de raíces en 2 litros agua durante 5 minutos y beber ese líquido a lo largo del día.

Las raíces contienen propiedades antidiarreicas, es decir, ayudan a detener o curar la diarrea. Dado que se trata de una planta sumamente suave, también se puede emplear en niños, en forma de jarabe, por ejemplo.

Para limpiar granos y costras de la cara, acné juvenil…, viene bien realizar lavados con una decocción de hojas.

En personas que sufren de diabetes también está indicada la infusión de achicoria, o comer la planta cruda.

RECOLECCIÓN: Su período de floración va de junio a septiembre. Hay que recogerla cuando comienza a florecer. Las raíces, sin embargo, se recogen en otoño; después, se limpian y trocean bien y se dejan secar al sol. Una vez secas, guardarlas en tarros o envueltas en paños.

USO COMESTIBLE: Las hojas de la achicoria son comestibles; se comen en ensalada, las más jóvenes, y, si no, cocidas, acompañadas de cualquier otra verdura. Para comerlas cocidas, es aconsejable retirar el agua de la cocción, porque resulta muy amarga.

Las raíces, secas y machacadas, se han utilizado y se utilizan como sustitutivo del café.

ENSALADA DE ACHICORIA (para cuatro personas): 1 lechuga, 6-8 hojas de achicoria, 6 hojas de diente de león, 1 zanahoria, cerraja, maíz, 1 diente de ajo y aceite de oliva.

Limpiar y trocear la lechuga, la cerraja y la achicoria. Colocar en el fondo de un plato. Salar. Echar un poco de maíz y la zanahoria rallada. Triturar bien el ajo y añadir. Regar todo con aceite de oliva y sazo-

nar con vinagre. También se pueden echar flores de achicoria y cerraja, enteras, si son pequeñas, y troceadas, si son grandes.

(A esta ensalada le va muy bien la mandarina en gajos).

PRINCIPIOS ACTIVOS: Inulina, intibina, cicoriina, taninos…

APLICACIONES: Infusiones, jarabes, jugos, vinos, ensaladas…

INFUSIONES (para mejorar la digestión, o como aperitivo…): Se requieren 30 gramos de flor y hoja por litro de agua.

Para preparar la infusión de raíces, hervir 20 gramos por litro de agua durante 5 minutos.

JARABE (indicado tanto en adultos como en niños): Cocer 250 mililitros de achicoria con 200 gramos de azúcar durante 10-15 minutos. Mezclar bien y guardar en un frasco, una vez frío. Se pueden tomar 2-3 cucharadas diarias.

PUEDE UTILIZARSE JUNTO CON LAS SIGUIENTES PLANTAS: Malva, diente de león, parietaria, menta, cola de caballo.

consuelda

Symphytum officinale y tuberosum

zolda-belarra

Enero | Febrero | Marzo | Abril | Mayo | Junio | Julio | Agosto | Septiembre | Octubre | Noviembre | Diciembre

floración

Planta de entre 15 y 50 centímetros de altura.

Tiene una raíz de color oscuro, gruesa, de la que sales numerosas raíces menores.

Está compuesta por más de un tallo. Los tallos son cuadrados, algo curvados y de ellos nacen las hojas, opuestas, sin pedúnculo.

En la parte inferior de la planta, las hojas son de mayor tamaño que en la superior. Son, además, más anchas en la parte más próxima al tallo y se van estrechando hacia el exterior. Tanto las hojas como los tallos son muy vellosos.

Las flores nacen en las hojas de la parte superior de la planta. Son blancas, amarillas o azules-violáceas. Miden unos 15 milímetros y se encuentran agrupadas en unos racimos que, al igual que el tallo, cuelgan hacia abajo, Cada flor tiene un cáliz compuesto por cinco partes, igual que las propias flores. Las flores son tubulares y florecen entre mayo y julio.

Es una planta muy conocida en Euskal Herria.

Pertenece a la familia de las boragináceas.

INDICACIONES Y USOS: Se utiliza desde hace tiempo como planta medicinal. Como su nombre indica, ayuda a soldar o cerrar heridas.

Se utiliza principalmente como planta de uso externo. Hay que actuar con mucha PRECAUCIÓN en su uso interno. No es conveniente realizar tratamientos sin recibir el consejo de un experto ni durante un periodo de tiempo prolongado.

Antiguamente, se empleaban cataplasmas de hojas y raíces de consuelda para curar roturas óseas, aplicándolas sobre el hueso roto. Cogían unas raíces de consuelda, las limpiaban bien y las rallaban. Después, las envolvían en un paño, aplicaban el paño sobre la fractura y lo cubrían bien. También era utilizada en forma de aceite.

En casos de esguinces, torceduras, reuma, artrosis, dolores óseos, articulares, ciática..., aplicar cataplasmas; como complemento, se puede masajear la zona con aceites, tinturas, baños y alcohol de consuelda.

En quemaduras, problemas dermatológicos como psoriasis, eccemas..., utilizar aceite, cataplasmas y ungüentos.

Para curar úlceras, heridas, pezones agrietados, fisuras anales..., aplicar cataplasmas, o cocer la raíz y lavar bien toda la zona afectada. Son recomendables las pomadas, y los aceites también resultarán de gran ayuda.

RECOLECCIÓN: Habita en campos húmedos y sombríos. Se localiza también en laderas, bordes de los riachuelos, lugares poco transitados...

Se utilizan principalmente sus raíces, pero también se pueden recolectar las hojas. Las épocas indicadas para recogerlas son el otoño y la primavera. Para conservar las raíces todo el año, limpiarlas bien, machacarlas y secarlas al sol.

PRINCIPIOS ACTIVOS: Alantonina, mucílagos, glúcidos, pirogalol…

APLICACIONES: La consuelda se puede aplicar de muy diversas formas: en forma de ungüento, cataplasma, compresa, infusión, jarabe, aceite, tintura…

CATAPLASMA: Recoger la raíz, limpiar, trocear y aplicar sobre la zona afectada, envuelta en un paño.

COMPRESAS: Cocer las raíces y aplicar una gasa empapada en ese agua. Cocer 100 gramos de raíz seca durante 15 minutos en 1 litro de agua; dejar tapado 10 minutos. Después, empapar gasas en ese líquido y aplicar sobre la zona a tratar. Se pueden realizar tratamientos en frío: se enfría con hielo y se aplica la gasa durante 15-20 minutos sobre la zona golpeada.

ACEITE (golpes, esguinces, torceduras…): Poner 20 gramos de raíces de consuelda en un recipiente y cubrir con aceite de oliva. Dejar macerar a la sombra, removiendo a diario para que los ingredientes se mezclen bien. Al cabo de ese tiempo, colar. Dar masajes con este aceite, 2-3 veces al día.

PUEDE UTILIZARSE JUNTO CON LAS SIGUIENTES PLANTAS: Cola de caballo, manzanilla, milenrama, caléndula.

capuchina

Tropaeolum majus

kaputxina

floración

Enero | Febrero | Marzo | Abril | Mayo | Junio | Julio | Agosto | Septiembre | Octubre | Noviembre | Diciembre

Planta que puede alcanzar una altura superior a los 40-50 centímetros.

Está formada por un tallo principal del que salen numerosas ramitas. Tanto el tallo como las ramas son curvas y, gracias al vello del que se encuentran recubiertas, la planta se adhiere fácilmente a otras plantas, a paredes... Es una planta trepadora.

Las hojas son grandes, redondeadas y de color verde-grisáceo. En medio de la hoja, en el lugar en el que se une al tallo, se ve un punto blanco, mirando la hoja desde arriba. Desde ese punto parten 8-9 nervios muy marcados hacia los extremos de la hoja. Tiene, además, numerosos nervios menores más finos.

Las flores son de color naranja, rojo o amarillo, están formadas por 5 pétalos separados y sostenidas por un cáliz.

Se trata de una planta olorosa.

Pertenece a la familia de las tropeoláceas.

INDICACIONES Y USOS: La capuchina es una planta depurativa y diurética. Ayuda a curar infecciones de las vías urinarias, vaginales... Para ello, es conveniente tomar infusiones o beber jugos de capuchina, preferiblemente en ayunas, durante una semana. Se trata de una planta de sabor picante, por lo que es conveniente mezclar la infusión con zumo de naranja o de otra fruta. Para preparar la infusión, emplear 5 gramos de hojas por 250 mililitros de agua. Hervir las hojas durante 3 minutos y dejar reposar, tapado, 3 minutos.

Como expectorante, en casos de congestión pulmonar, catarro, tos... Es antibiótica, por lo que ayuda a eliminar virus e infecciones aplicada en forma de infusión.

Como cicatrizante y emoliente..., realizar lavados con la infusión y aplicar cataplasmas. Para ello, coger un manojo de hojas y hervirlas en un poco de agua. Realizar lavados con ese agua, o envolver las hojas en un paño para aplicar directamente sobre la herida. Realizar el tratamiento un par de veces al día, hasta que el problema remita.

Ayuda a evitar la caída del cabello, por lo que es utilizada como ingrediente base en muchos champúes y lociones.

RECOLECCIÓN: Las partes utilizadas son las hojas y las flores. Florece a partir de mayo y permanece en flor hasta septiembre, por lo que conviene recolectarla durante ese período.

Se cría muy bien en macetas y se puede encontrar en numerosos balcones y jardines.

USO COMESTIBLE: Es una planta comestible, a pesar de tener un sabor bastante picante. Para sopas, se emplean generalmente las hojas; además, tanto las flores como las hojas se pueden comer crudas, en ensalada. Se pueden preparar ensaladas muy alegres, valiéndonos de las vistosas flores de la capuchina.

También se pueden dejar macerar flores cerradas en vinagre y comerlas a modo de alcaparras.

ENSALADA DE CAPUCHINA: 1 lechuga, 1 escarola, 6-8 hojas y flores de capuchina y otras plantas (calabaza, achicoria, diente de león...).

Limpiar la lechuga y la escarola y trocear muy fino; sazonar con sal. Añadir las flores de capuchina, enteras, si son pequeñas, y troceadas, si son grandes. Para terminar, añadir el resto de las flores y sazonar con aceite de oliva.

PRINCIPIOS ACTIVOS: Azufre, caroteno, vitamina C...

APLICACIONES: Se puede aplicar en forma de infusión, cataplasma, loción capilar, tintura, champú, etc.

LOCIÓN CAPILAR: Dejar macerar 100 gramos de hojas en medio litro de alcohol de 90 grados durante unas dos semanas. Colar bien y masajear el cuero cabelludo con ese líquido todas las noches. (También se puede utilizar ortiga en este preparado, pero reduciendo las cantidades de capuchina a la mitad).

INFUSIÓN (diurética, depurativa...): Hervir 250 mililitros de agua y, cuando rompa a hervir, echar 5 gramos de hoja. Dejar tapado 3 minutos y beber 2-3 vasitos diarios.

CATAPLASMA (cicatrizante, antibiótica...): Existen dos posibilidades.
1.- Coger las hojas directamente y aplicar sobre la zona afectada, envueltas en un paño.
2.- Antes de envolver las hojas en el paño, hervirlas previamente en un poco de agua.

PUEDE UTILIZARSE JUNTO CON LAS SIGUIENTES PLANTAS: Ortiga.

Crataegus laevigata, monogyna

espino blanco

elorri zuria

Enero | Febrero | Marzo | Abril | Mayo | Junio | Julio | Agosto | Septiembre | Octubre | Noviembre | Diciembre

floración

Arbusto que puede llegar a medir varios metros de altura. No es lo más habitual, pero puede alcanzar los 10 metros. Es muy ramificado y espinoso.

Tiene flores blancas-rosadas. Son olorosas y nacen en los extremos de las ramas, agrupadas. Cada flor consta de cinco pétalos, numerosos estambres y un único pistilo. Florecen en mayo.

Los frutos o bayas son de color rojo chillón, aunque insípido. Es pequeño, redondo, carnoso, y tiene un osecillo dentro. Se puede encontrar espino blanco en otoño e invierno.

Las hojas son verdes, con tres o cinco lóbulos, generalmente dos en la parte inferior y tres en la superior.

Pertenece a la familia de las rosáceas.

INDICACIONES Y USOS: Se aprovechan principalmente las flores y es preferible recolectarlas cuando están a punto de florecer. Recoger la flor cuando aún esté cerrada. Aunque la parte principal es la flor, también se pueden utilizar las hojas y los frutos o bayas.

El espino blanco se puede tomar haciendo una infusión con sus flores blancas. Para ello, echar 20 gramos de flores en agua hirviendo y dejarlas reposar, tapadas, durante 10 minutos. Al cabo de esos 10 minutos, la infusión estará lista para tomar. Se pueden beber 2-3 vasitos durante el día, en las comidas.

Este arbusto está considerado como el amigo del corazón, y su principal indicación está relacionada con este órgano. No se trata de un árbol peligroso o tóxico, pero en caso de padecer algún problema de corazón, es conveniente ponerse en manos de un experto antes de realizar tratamientos a base de espino blanco. No hay que automedicarse. Y no se deben sobrepasar las dosis indicadas.

Está recomendada en numerosas afecciones cardíacas como arritmias, taquicardias, palpitaciones, problemas de las válvulas coronarias, insuficiencia cardiaca, dolor cardíaco, angina de pecho, ahogos... Pueden realizarse distintos tratamientos, uno de los cuales consiste en beber durante varias semanas infusiones de flor de espino blanco, un par de veces al día.

También ayuda a regular el flujo sanguíneo.

Es útil para aliviar los síntomas de la angustia, insomnio y vértigos. Beber una infusión de

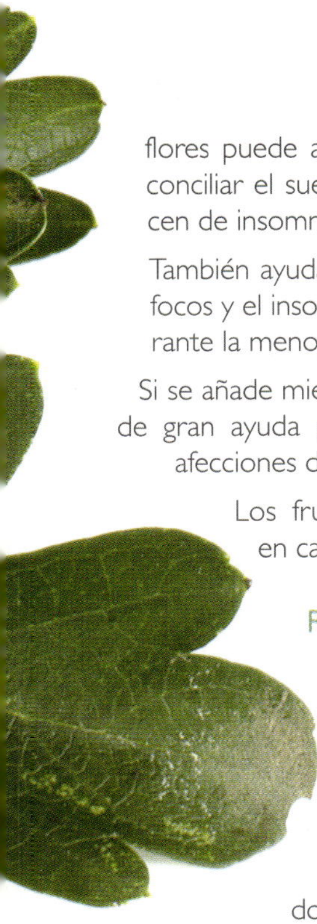

flores puede ayudar a tranquilizarse y a conciliar el sueño a personas que padecen de insomnio de origen nervioso.

También ayuda a evitar o mitigar los sofocos y el insomnio que se producen durante la menopausia.

Si se añade miel a dicha infusión, resultará de gran ayuda para aliviar toses u otras afecciones de las vías respiratorias.

Los frutos se emplean también en caso de diarrea.

RECOLECCIÓN: Es una planta muy conocida en toda Europa y se inserta como planta decorativa y como seto. Agradece las zonas boscosas, las cimas montañosas y los lugares altos y soleados, así como paredes y casas o edificios abandonados. Florece en abril o mayo. Las flores han de recolectarse antes de que se abran. Para secarlas, hay que tenerlas a la sombra, a una temperatura máxima de 35 grados. Asimismo, se deber cuidar de que no haya polvo alrededor, ni mucha humedad o luminosidad. Una vez secas, las flores se guardan en un lugar oscuro y seco, en bolsas de tela o recipientes metálicos. En cuanto a los frutos, han de recogerse cuando estén ya maduros, es decir, al final del verano.

USO COMESTIBLE: Las bayas son comestibles, pero no hay costumbre de comerlas, porque son muy insípidas. Los pájaros aprecian mucho el fruto del espino blanco.

PRINCIPIOS ACTIVOS: Las flores contienen un glucósido llamado quercitina, y flavonas. Las hojas tienen catequinas, esteroles, flavonoides, glucósidos…

APLICACIONES: Se puede emplear como jarabe, tintura, infusión, ungüento y vino.

TINTURA (contra la hipertensión, antes de las comidas. Consultar a un médico): Dejar macerar 20 gramos de flor seca triturada en 80 gramos de alcohol de 30 grados durante 10 días. Al cabo de ese tiempo, se ha colar bien. Se pueden tomar unas 15 gotas 3 veces al día. Se pueden ingerir las gotas directamente o diluidas en agua.

INFUSIONES: Echar 20 gramos de espino blanco en medio litro de agua hirviendo y dejar reposar, tapado, durante 10 minutos. Tomar 3 vasitos al día.

CATAPLASMAS (contra las palpitaciones): Triturar las flores, las hojas y los frutos, y ponerlos sobre el corazón, envueltos en un paño.

PUEDE UTILIZARSE JUNTO CON LAS SIGUIENTES PLANTAS: Hipérico, muérdago, melisa...

A MODO DE CURIOSIDAD:
El espino blanco ha estado siempre rodeado de un halo de magia o superstición y, antiguamente, existía la creencia de que el entrar en una casa con un ramo de espino blanco acarreaba la muerte.
En Euskal Herria, siempre se ha utilizado como amuleto contra los rayos y, con ese fin, era colocado en las puertas de los caseríos.

menta

Mentha piperita...

menda

floración

Enero | Febrero | Marzo | Abril | Mayo | Junio | Julio | Agosto | Septiembre | Octubre | Noviembre | Diciembre

Se trata de una planta muy popular en nuestro entorno, en el cual podemos encontrar numerosas variedades como la menta negra, la hierbabuena, la menta blanca... Una de las variedades es de color verde oscuro y muy olorosa. No es nada vellosa. Existe otro tipo similar, de hojas menores, más vellosa y de color verde claro; también tiene olor a menta, pero más suave o menos intenso que el de la variedad anterior. Es un tipo de menta que crece en muchos campos, generalmente de forma silvestre, es decir, no cultivado, y a menudo rodeado de ortigas.

Casi todas las variedades de menta cuentan con propiedades idénticas o muy similares.

Es una planta que puede alcanzar los 40 centímetros de altura. El tallo es cuadrado, muy erguido.

Las hojas nacen alternas, directamente desde el tallo, sin pedúnculo y son algo dentadas. En la parte superior del tallo nacen otras dos ramitas, más pequeñas, opuestas y alternas. Las flores nacen en la parte superior del tallo principal y de los tallos o ramas secundarias. Son de color rosa pálido y están formadas por 5 pétalos.

Se trata de una planta muy conocida y utilizada en Euskal Herria y se cultiva en muchos caseríos.

Pertenece a la familia de las labiadas, compuesta por miles de especies de plantas y arbustos. Agrupa, entre otras, numerosas plantas aromáticas como el romero, el orégano, la salvia, la lavanda...

INDICACIONES Y USOS: Para preparar las infusiones, emplear 4-5 gramos para cada vaso de agua grande. Se puede tomar endulzado con azúcar o miel, o sola.

Hay costumbre de tomar infusiones de menta para mejorar la digestión, sobretodo después de comidas abundantes.

Si caso de gases, ayuda a expulsarlos y a aliviar el malestar que estos producen. En algunos casos, las digestiones difíciles producen dolor de cabeza; tomando una infusión de menta o masajeando la frente y las sienes con aceite de menta se pueden evitar esos dolores.

Calma o quita otros dolores como el dolor de muelas, dolor de oído, dolores reumáticos..., y también está indicada en dolores de las extremidades provocados por frío intenso. Para mitigar el dolor de muelas o de oído, se puede echar una gota de esencia de menta en un algodón y aplicar en la zona afectada. También es posible echar un par de gotas de aceite de menta dentro del oído. O tomar infusiones, que en situaciones de frío intenso, además de ayudar a entrar en calor, alivian la sensación de dolor.

Asimismo, es útil tomar infusiones de menta en casos de nerviosismo e insomnio; relajan y ayudan a conciliar el sueño.

APLICACIONES: Se puede aplicar en forma de infusión, aceite, vaho, jarabe, tintura, licor, pasta dentífrica, esencias...

ACEITE DE MENTA: Se elabora añadiendo unas pocas gotas de esencia de menta al aceite de almendra. Se trata de una planta refrescante, por lo que se pueden preparar aceites que ayudan a refrescar y tonificar el cuerpo aplicando friegas.

INFUSIONES: Para preparar las infusiones, emplear 4-5 gramos de planta por vaso de agua. Echar la menta al agua hirviendo y dejar reposar, tapado, 5 minutos.

VAHOS (catarros, gripes, sinusitis...): Poner a cocer hojas de menta en una cazuela grande. Cubrir la cabeza con una toalla e inhalar los vahos de la cazuela.

PASTA DENTÍFRICA DE MENTA: 2 cucharadas de arcilla verde, una pizca de sal marina y agua. Mezclar bien, hasta que se forme una pasta; si es necesario, añadir más agua. También se pueden añadir un par de gotas de esencia de salvia, menta o romero.

A MODO DE CURIOSIDAD:
Existe un tipo de menta que nace de forma silvestre y se encuentra a menudo rodeado de ortigas. Según una antigua creencia o costumbre, frotar la picadura de la ortiga con menta alivia el picor. En euskera hay incluso una canción basada en esa costumbre, que dice así:

Menda menda
Senda senda
Osin gaiztoak
Erre nau.

PUEDE UTILIZARSE JUNTO CON LAS SIGUIENTES PLANTAS: Romero, manzanilla, anís, caléndula, tomillo, lavanda...

Para combatir catarros, tos, resfriados, gripes..., se pueden tomar infusiones o vahos.

RECOLECCIÓN: Se emplean las flores y las hojas y florece al final de la primavera o principio del verano, entre junio y septiembre, aproximadamente. Para secar la menta y conservarla durante todo el año, esparcirla en el suelo o colgarla y guardarla en un lugar oscuro y seco.

USO COMESTIBLE: La menta no se come sola, pero se emplea para elaborar diversas bebidas, licores, salsas y en repostería. Hoy en día se utiliza principalmente a modo de especia.

PRINCIPIOS ACTIVOS: Mentol, alcanfor, taninos, flavonoides, ácido fenólico ..

manzanilla

Matricaria chamomila/ aurea, recutita..

kamamila

floración

Enero | Febrero | Marzo | Abril | Mayo | Junio | Julio | Agosto | Septiembre | Octubre | Noviembre | Diciembre

Existen mucho tipos de manzanilla, pero todas las variedades tienen las misma propiedades y los mismos usos que los que se mencionan a continuación. En cualquier caso, la más activa y útil es la especie *Matricaria chamomila.*

Se trata de una planta aromática anual. No es muy alta, no emerge del suelo más de dos palmos.

Es una planta muy ramificada, con las ramas cubiertas de unas hojas finas de color verde. En el extremo de las ramas nacen las flores. Consisten en una especie de botón amarillo rodeado de unos pétalos blancos que, una vez secos, caen hacia abajo.

La manzanilla es muy aromática.

Se trata de una planta muy conocida y utilizada en Euskal Herria; hay mucha costumbre de ir al monte a por manzanilla. Es una de nuestras plantas más populares.

Pertenece a la familia de las compuestas.

INDICACIONES Y USOS: Se utiliza principalmente como alivio para los dolores intestinales y como relajante. Para hacer la infusión, se necesitan media docena flores de manzanilla por vaso de agua.

Es una de las plantas medicinales más indicadas en niños.

Para el dolor de estómago, empacho, gases, náuseas..., es recomendable tomar una infusión de manzanilla después de comer, o en el momento en el que nos sintamos mal. En este caso, también los niños pueden tomar manzanilla sin ningún peligro.

La infusión de manzanilla actúa generalmente de dos maneras en el organismo. Por una parte, al beber la infusión, el cuerpo se asienta y desaparece el malestar; en otras ocasiones, provoca el vómito, de manera que el cuerpo queda muy relajado.

Está indicado en casos de nerviosismo, ansiedad, dolor de cabeza... y, como hemos dicho, la pueden tomar incluso los niños.

En dolores menstruales, malestar, menstruación irregular..., también resulta de gran ayuda.

Durante muchos años ha existido la costumbre de realizar lavados oculares con agua de manzanilla. En el caso de las legañas producidas por catarro, preparar una infusión y realizar un lavado ocular empapando una gasa en ese agua. En cualquier caso, conviene recordar que existe una planta más indicada para afecciones oculares y más recomendable que la manzanilla: la eufrasia (*Euphrasia officinalis*).

La manzanilla ayuda a mantener el cabello rubio o a clarearlo. Para conseguir este efecto, preparar una infusión concentrada, de más de 6 flores, con la que se realizará el último lavado del pelo. Este tratamiento apenas si se nota si se realiza, pero si se aplica repetidas veces, se logrará mantener el cabello rubio o claro.

Beber infusiones y hacer friegas o masajes con aceite de manzanilla calma diversos dolores como el dolor de muelas, reuma, artritis...

Para almorranas, forúnculos..., frotar la zona con aceite de manzanilla, hacer vahos o aplicar un ungüento.

Para limpiar heridas, úlceras, eccemas, herpes... reparar una infusión y realizar lavados con ese agua. También se pueden aplicar cataplasmas.

Al tratarse de una planta que provoca la sudoración, la infusión de manzanilla está indicada en catarros, tos, resfriados, gripes...

RECOLECCIÓN: La parte utilizada es la flor. Según la zona, florece a partir de abril y la encontraremos en primavera y al comienzo del verano. Habita al borde de los caminos, en campos, cultivos de cereal, zonas montañosas... Para recolectarla, es mejor cortarla con la mano, cogiendo la menor parte posible de tallo o rama. Dejarla en un lugar bien aireado y seco y, una vez seca, conservarla durante todo el año guardada en tarros.

PRINCIPIOS ACTIVOS: Se trata de una planta sobre la que se han realizado numerosos análisis. Contiene ácido salicílico, fitosterina, lebulosa, apigenina, vitamina C, alcoholes, hidrocarburos...

APLICACIONES: Se emplea principalmente en forma de infusión, pero también como champúes de manzanilla, tinturas, aceites, esencias, pomadas, jarabes...

VINO DE MANZANILLA (para mejorar la digestión. En casos de digestiones muy pesadas, beber una taza): Recomendado en adultos; los niños pueden tomar manzanilla en forma de infusión, en lugar de vino. Dejar macerar 100 gramos de manzanilla en 1 litro de vino blanco bueno, durante una semana. Al cabo de ese tiempo, colar bien y guardar en una botella.

INFUSIONES: 6-8 flores por vaso. Cuando empiece a hervir el agua, echar las flores y dejar tapado durante 10 minutos. Colar y beber 3-4 vasitos diarios.

ACEITE DE MANZANILLA (para masajear zonas doloridas): Tener a baño María una parte de manzanilla y ocho de aceite de oliva durante un par de horas. Al cabo de ese tiempo, escurrir bien y colar. Cuando se haya enfriado, guardar en una botella.

PUEDE UTILIZARSE JUNTO CON LAS SIGUIENTES PLANTAS: Menta, saúco, milenrama, caléndula, hierba luisa...

laurel

Laurus nobilis

erramua

floración

Enero | Febrero | Marzo | Abril | Mayo | Junio | Julio | Agosto | Septiembre | Octubre | Noviembre | Diciembre

Planta que puede llegar a alcanzar una altura de 10 metros y vivir 100 años.

Se trata de un arbusto muy frondoso. Sus hojas tienen el borde ondulado, pero no son dentadas; miden unos 3 centímetros de ancho y 10 de largo. Son de color verde brillante por su cara exterior y mates por su cara interior. Son muy duras y, al romperlas, emana de ellas un agradable e intenso aroma. Son perennes; el árbol mantiene sus hojas durante todo el año.

Las flores son pequeñas, de color amarillo, y aparecen agrupadas en racimos de 4-6 unidades. Se distinguen flores hembra y flores macho, pero todas nacen en el punto de unión de las hojas y el tallo. La planta florece al final del invierno o al principio de la primavera (a partir de febrero-abril).

El fruto es negruzco y en su interior se encuentra la semilla.

El laurel se cultiva como planta decorativa en casas, parques...

Pertenece a la familia de las laureáceas.

INDICACIONES Y USOS: Su principal uso es externo, aunque en ocasiones se bebe y también se emplea como especia en la cocina.

Para problemas de circulación, dar friegas o masajes con aceite de laurel. Se trata de un tratamiento que resulta de gran ayuda para aliviar dolores reumáticos. También es recomendable aplicar cataplasmas; para ello, triturar un puñado de hojas, envolverlas en un paño y aplicar la cataplasma sobre la zona a tratar. Asimismo, se pueden realizar baños.

Está indicado en golpes y diversos dolores, aplicado en forma de ungüento o aceite.

Para combatir toses, gripe, bronquitis o insuficiencia respiratoria, es eficaz tomar infusiones de laurel.

En problemas dermatológicos, úlcera, psoriaris, picaduras..., hacer friegas con aceite.

Para mejorar las digestiones difíciles, tomar un 2-3 infusiones de laurel al día. Hacer la infusión cociendo 20 gramos de laurel en 1 litro de agua y dejar tapado 10 minutos; beber 2-3 vasitos diarios.

Como aperitivo, se toma una infusión de laurel 20-30 minutos antes de comer.

Asimismo, se emplea para regular la menstruación. Comenzando una semana antes de la regla, beber 2-3 infusiones diarias. La cantidad indicada para preparar estas infusiones es de 20 gramos de planta por litro de agua.

RECOLECCIÓN: Generalmente se recolectan las hojas, aunque para algunas indicaciones se emplea también la semilla. Aunque las hojas son perennes, la mejor época para recogerlas es el verano. Las semillas han de estar totalmente maduras.

Se cría en lugares húmedos, laderas, zarzales, zonas pedregosas, paredes...

USO COMESTIBLE: Se utiliza como especia en muchas salsas, tanto para acompañar carnes como pescados, o simplemente para ensalzar el sabor de nuestros platos, al cocer los alimentos. La esencia de laurel es también un ingrediente básico en la elaboración de numerosos licores.

En muchas casas se utilizan perfumes o inciensos de laurel. Antiguamente, quemaban hojas de laurel en el fuego de leña para perfumar el hogar.

La esencia de laurel se emplea para elaborar jabones.

PRINCIPIOS ACTIVOS: Resina, mucílagos, taninos, felandrenona, almidón, eugenol...

APLICACIONES: Se puede aplicar en forma de infusión, tintura, esencia, ungüento, aceite, baño...

ACEITE DE LAUREL (reuma, golpes, dolores, mala circulación...): Poner un puñado de hojas de laurel en un recipiente y añadir aceite de oliva hasta cubrir completamente. Dejar al sol durante 10 días. Remover ligeramente a diario, para que los ingredientes se mezclen bien. Al cabo de los 10 días, colarlos bien y se obtiene el aceite listo para su uso.

CATAPLASMAS (reuma): Coger hojas de laurel y triturarlas bien. Envolverlas en un paño y aplicar la cataplasma sobre la zona a tratar, un par de veces al día.

BAÑOS (reuma): Hervir 100 gramos de laurel en 5 litros de agua durante 10 minutos. Echar ese agua a la bañera y añadir el agua necesaria para el baño.

INFUSIONES (como aperitivo y digestivo): Hervir 20 gramos de laurel en 1 litro de agua durante 10 minutos. Colar. Tomar 30 minutos antes de las comidas, a modo de aperitivo, y, después de comer, como digestivo.

PUEDE UTILIZARSE JUNTO CON LAS SIGUIENTES PLANTAS: Ruda, salvia, primavera, tomillo...

A MODO DE CURIOSIDAD: Existe una antigua creencia según la cual el laurel posee la propiedad de proteger del mal y del las enfermedades.

tanaceto

Tanacetum vulgare o chrysanthemum vulgare

mota-belarra

Enero | Febrero | Marzo | Abril | Mayo | Junio | Julio | Agosto | Septiembre | Octubre | Noviembre | Diciembre

floración (Julio – Septiembre)

Planta vivaz y muy erguida que puede llegar a medir un metro de altura.

Sus hojas nacen directamente del tallo y son finas y alargadas, de color verde, perennes, lobuladas y dentadas; en ocasiones, las divisiones o segmentos de la hoja pueden llegar hasta el nervio central. Se trata de una planta muy frondosa.

Las flores son de color amarillo chillón. Carecen de lígulas y aparecen formando racimos en la parte superior del tallo. Toda la planta desprende un característico olor alcanforado, sobre todo una vez seca.

Pertenece a la familia de las compuestas.

INDICACIONES Y USOS: Esta planta se denomina también hierba lombriguera, ya que se utiliza para eliminar lombrices y parásitos intestinales.

Aunque hoy en día no es un uso muy común, antiguamente se empleaba también para matar pulgas y piojos, tanto en personas como animales.

Posee, asimismo, propiedades febrífugas y ayuda a regular la menstruación.

ADVERTENCIA: Se trata de una planta tóxica, por lo que conviene emplearla con mucha precaución. No hay que excederse en las cantidades indicadas, ni aplicarla en tratamientos prolongados. No administrar a niños ni a mujeres embarazadas o lactantes.

Puede provocar convulsiones, dolor abdominal, vómitos... Es recomendable seguir los consejos de un experto.

RECOLECCIÓN: Las partes utilizadas son las hojas y las flores. Las flores se recogen sin tallo y se colocan en un lugar seco, bien aireado y sombrío, para secarlas y conservarlas durante todo el año.

Para secar las hojas, se procede de la misma manera: se cortan y depositan en el suelo, bien esparcidas, hasta que se sequen bien.

La planta florece al final de la primavera y en verano, período más adecuado para la recolección y el secado de las flores.

Habita al borde de caminos y ríos, en lugares abruptos y campos abandonados. Antiguamente, el tanaceto era cultivado en numerosos caseríos y casas para emplearlo como planta medicinal, ya que no es una planta frecuente en la naturaleza.

PRINCIPIOS ACTIVOS: Taninos, aceite esencial, ácidos orgánicos, alcanfor, flavonoides, lactones, tuyona...

APLICACIONES: Infusiones, tinturas, jarabes, polvos...

INFUSIÓN (vermífuga): Hacer una infusión hirviendo 0,50 gramos de flor seca en 100 cc de agua. Dejar tapado durante 10 minutos; al cabo de ese tiempo, está lista para tomar.

POLVOS: También se puede triturar la flor seca y emplearla en forma de polvo. En este caso, mezclar el polvo con una cucharadita de miel y tomarlo en ayunas. Se deben cuidar muy bien las cantidades empleadas.

hierba luisa

Llippia triphylla

berbena limoiusaina

Enero | Febrero | Marzo | Abril | Mayo | Junio | Julio | Agosto | Septiembre | Octubre | Noviembre | Diciembre

floración

Arbusto que puede llegar a medir 2 metros de altura, de tallo rígido y muy ramificado.

Algunas hojas están formadas por un pequeño pedúnculo o peciolo que las une a las ramas, pero también hay hojas unidas directamente a éstas sin pedúnculo. Las hojas son de color verde claro o grisáceo en su parte externa y blanquecinas por su parte interna.

Las flores son pequeñitas, blancas-azuladas.

Es una planta muy olorosa, de un intenso aroma a limón.

Se trata de una planta muy popular en Euskal Herria y se cultiva en muchas casas, caseríos y prados.

Pertenece a la familia de las verbenáceas.

INDICACIONES Y USOS: Uno de los principales usos de la hierba luisa es el digestivo, por sus efectos beneficiosos para el intestino. Para ello, es aconsejable beber una infusión de hojas de hierba luisa después de comer.

Tiene otras indicaciones interesantes, como para el dolor de cabeza, malestar general, gases intestinales... Para estas indicaciones, hacer una infusión con 10 gramos de hoja por litro de agua. Dejar macerar durante 10 minutos y, una vez colado, beber 2-3 vasitos de ese agua al día.

También se administra como aperitivo, preparando una infusión con las cantidades anteriormente indicadas, pero tomando la infusión antes de comer.

Tiene efectos sedantes, por lo que se emplea para aliviar la ansiedad, mareos, temblores o convulsiones... Se pueden beber 2 o 3 vasitos diarios.

Actúa como calmante en menstruaciones dolorosas, en forma de infusión o tintura.

Las infusiones de hierba luisa tienen propiedades emolientes y expectorantes, por lo que ayudan a combatir la tos, la bronquitis...

RECOLECCIÓN: En tratamientos terapéuticos, la parte utilizada son las hojas. Hay que recogerlas antes de que florezca la planta, cosa que sucede al final del verano. Si la opción es secarla, hay que ponerla a la sombra y, después, guardarla en tarros cerrados y preservarla de la luz, la humedad y el aire.

Es un arbusto que se cultiva en numerosos jardines por su agradable aroma a limón. Le gustan los lugares soleados y hay tener cuidado con las heladas, ya que pueden echar a perder la planta.

USO COMESTIBLE: No es una planta comestible, pero hay quien la utiliza para aromatizar y dar un toque especial a sus platos.

Se emplea para elaborar colonias.

Destilando las hojas de la hierba luisa, se consigue aceite esencial. Es una planta muy aromática y agradable; es usual ver una ramita de hierba luisa en el coche, en el bolsillo o entre los labios. También se emplea como ambientador doméstico.

PRINCIPIOS ACTIVOS: Limoneno, geraniol, verbenona, metilheptenona, etc.

APLICACIONES: Se pueden preparar jarabes, infusiones, tinturas, licores, esencias...

TINTURA (para aliviar dolores menstruales.): Dejar macerar 100 gramos de planta en 600 miligramos de alcohol de 70 grados durante 2 semanas. Poner la mezcla en un recipiente opaco, en un lugar oscuro y seco. Remover dos veces al día, para que los ingredientes se mezclen bien. Al cabo de las dos semanas, colar y guardar en otro recipiente opaco, en un lugar seco y oscuro, preferiblemente.
Tomar 15-20 gotas de esa tintura al día.

INFUSIONES: Preparar una infusión de 10 gramos de hoja de hierba luisa por litro de agua y dejar tapado durante 5 minutos.

PUEDE UTILIZARSE JUNTO CON LAS SIGUIENTES PLANTAS: Salvia, menta, anís, melisa, boldo.

gordolobo

Verbascum thapsus

apo-belarra

Enero | Febrero | Marzo | Abril | Mayo | Junio | Julio | Agosto | Septiembre | Octubre | Noviembre | Diciembre

floración

Planta de ciclo bianual. Durante el primer año, nacen las hojas de la parte inferior, y el segundo año, un tallo largo, que puede alcanzar los 2 metros de altura y en el que se encuentran situadas las flores.

Las hojas basales forman una roseta. Son hojas grandes, suaves, de color verde o amarillento, y vellosas. Cuanto más arriba están situadas en la planta, más pequeñas son las hojas; las del extremo superior están unidas directamente al tallo.

Las flores tienen 5 pétalos y nacen en el extremo superior del tallo, formando una espiga alargada. Son de un color amarillo intenso.

Toda la planta es muy vellosa. Habita en zonas de montaña de Euskal Herria.

Pertenece a la familia de las escrofulariáceas.

INDICACIONES Y USOS: Se emplea principalmente en problemas pulmonares y para currar almorranas, entre otros.

En afecciones respiratorias y de pulmón, catarro, tos, problemas garganta, laringe, faringe..., se pueden beber infusiones. Para preparar la infusión, hacen falta 15 gramos de gordolobo por litro de agua. Hervir 2 minutos y beber 2-3 vasitos diarios. Se puede endulzar con un poquito de miel.

Para las almorranas, aplicar cataplasmas de hojas de gordolobo. Para ello, triturar bien las hojas, envolverlas en un paño y aplicar la cataplasma sobre la zona a tratar, un par de veces al día.

En quemaduras, úlceras, sabañones, forúnculos, manos llagadas..., aplicar cataplasmas o compresas. Es recomendable, asimismo, hacer friegas con aceite de gordolobo.

Si se padece de dolor de oído, otitis..., puede resultar de gran ayuda echar unas gotitas de aceite de gordolobo al oído: 2 gotas al acostarse y 2 al levantarse.

ADVERTENCIA: Antes de tomar la infusión, colar bien el gordolobo, para eliminar todos los pelillos, dado que pueden provocar alergias o irritación de garganta.

RECOLECCIÓN: Las partes utilizadas son las hojas y las flores. Florece a partir del mes de mayo. Al recoger las flores, si se desean conservar para todo el año, depositarlas enseguida en un lugar seco y oscuro, bien esparcidas.

Habita en terraplenes, lugares pedregosos, al borde de los caminos, en zonas soleadas.

PRINCIPIOS ACTIVOS: Saponinas, mucílagos, verbasterol, xantofilas...

APLICACIONES: Se puede aplicar en forma de infusión, cataplasma, aceite...

INFUSIONES (problemas respiratorios o de garganta...): 10-15 gramos de gordolobo por litro de agua. Beber 2-3 vasos diarios de esa infusión.

CATAPLASMAS (almorranas, forúnculos, quemaduras, sabañones...): Machacar las hojas bien, envolverlas en un paño. Aplicar la cataplasma sobre la zona a tratar un par de veces al día. Se puede realizar el tratamiento durante el tiempo que resulte necesario.

COMPRESAS (almorranas, forúnculos, quemaduras, sabañones...): Cocer hojas grandes y aplicar directamente. Se pueden aplicar compresas un par de veces al día, pero conviene renovar la decocción siempre que se vaya a emplearlas.

ACEITE (llagas, dolor de oído, forúnculos...): Existen dos formas de preparar el aceite:

1. Freír 25 gramos de flor en 50 gramos de aceite de oliva, a fuego lento, 20-30 minutos. Al cabo de ese tiempo, colar bien y guardar en un frasco.

2. Poner un puñado de flores en un recipiente y añadir aceite de oliva, hasta cubrir las flores completamente. Dejar macerar durante 30 días al sol, pero removiendo la mezcla todos los días. Al cabo de ese tiempo, colar bien y guardar en un frasco.

PUEDE UTILIZARSE JUNTO CON LAS SIGUIENTES PLANTAS: Tusilago, adormidera, llantén, flor de primavera.

A MODO DE CURIOSIDAD: Es una planta que se conoce de muy antiguo. En las sesiones de brujería, las hechiceras empleaban candiles y mechas confeccionadas con espigas florales de esta planta.

tomillo

Thymus vulgaris

ezkaia

Enero | Febrero | Marzo | Abril | Mayo | Junio | Julio | Agosto | Septiembre | Octubre | Noviembre | Diciembre

floración

Arbusto que puede alcanzar unos 30 centímetros de altura. Su raíz es gruesa y su tallo es duro en la parte inferior y muy ramificado.

Las hojas son pequeñitas, finas, casi lineares. Brotan numerosas hojas pequeñas de un mismo punto y son curvadas hacia dentro. Son de color verde en su cara externa y blanquecinas por la interna.

Las flores nacen en el extremo superior de las ramas, formando espigas. Son de color blanco-rosa-rojizo.

Se trata de una planta muy aromática.

Pertenece a la familia de las labiadas.

INDICACIONES Y USOS: Es, probablemente, una de las plantas antiinfecciosas y antivirales más eficaces.

En casos de tos, infecciones pulmonares, bronquitis, flemas…, beber 2-3 infusiones al día, o hacer vahos un par de veces diarias. Para preparar la infusión, se requieren 10-15 gramos de tomillo por litro de agua. Hervir y dejar tapado 5 minutos.

Si hay problemas de garganta o anginas, por ejemplo, es recomendable hacer gárgaras con la infusión.

Contra los gases, para facilitar la digestión y la asimilación de los alimentos, cocer 10-15 gramos por litro de agua y dejar tapado durante 4 minutos. Tomar un par de vasitos al día, preferiblemente después de las comidas. En estos casos, también se puede tomar una copa de vino de tomillo después de comer, o 30 gotas de tintura.

Para aliviar dolores musculares, resulta de gran ayuda masajear la zona dolorida con aceite de tomillo.

El aceite es eficaz en casos de torceduras, tortícolis o reuma.

Las friegas de alcohol ayudan a aliviar dolores reumáticos.

Los baños de tomillo tienen propiedades relajantes. Verter un litro de agua hirviendo sobre 40-60 gramos de flor de tomillo. Dejar reposar, tapado, y, después, echar el agua a la bañera; añadir el agua necesaria para el baño.

Para limpiar heridas, úlceras…, lavar las heridas con una infusión, un par de veces al día.

Por sus propiedades antiinfecciosas y antivíricas, es apropiado para tratar infecciones orales; para ello, se pueden hacer gárgaras con una infusión o limpiarse los dientes con pasta dentífrica de tomillo.

ADVERTENCIA: No administrar ni tinturas ni vinos a los niños.

RECOLECCIÓN: Las partes utilizadas son las hojas y las flores. El tomillo florece en primavera, que es precisamente la época de recolección y secado más indicada. Se seca en un lugar bien aireado, a la sombra y, cuando está seco, se guarda en tarros.

El tomillo habita en lugares pedregosos, secos y soleados.

USO COMESTIBLE: Se emplea principalmente en salsas. Antiguamente había costumbre de hacer sopa de tomillo, pero actualmente se utiliza fundamentalmente como especia.

También para preparar licores.

A las abejas les gusta mucho por lo que se puede encontrar mieles de tomillo de gran calidad.

VINO (para digestiones difíciles...): Dejar macerar 25 gramos de flor seca en 1 litro de vino blanco 15 días. Colar y beber un pequeño vasito después de comer.

PRINCIPIOS ACTIVOS: Taninos, resinas, saponinas...

APLICACIONES: Infusiones, tinturas, vinos, pastas dentífricas, vahos, jarabes...

TINTURA (contra los gases, digestiones difíciles...): Macerar 20 gramos de flor seca 80 gramos de alcohol de 60 grados durante 10 días. Colar y tomar 30 gotas un par de veces al día.

ALCOHOL (reuma): Dejar macerar 150 gramos de flor en medio litro de alcohol de 90 grados 7 días. Revolver bien todos los días. Al cabo de ese tiempo, colar y guardar.

ACEITE (reuma, torceduras, esguinces, golpes...): Poner flores de tomillo en un recipiente y añadir aceite de oliva, hasta cubrir las flores completamente. Dejar macerar durante 30 días, removiendo la mezcla ligeramente todos los días. Al cabo de los 30 días, colar y guardar.

PUEDE UTILIZARSE JUNTO CON LAS SIGUIENTES PLANTAS: Gordolobo, cola de caballo, salvia, eucalipto, menta, saúco...

ruda

Ruta graveolens

erruda

Enero | Febrero | Marzo | Abril | Mayo | Junio | Julio | Agosto | Septiembre | Octubre | Noviembre | Diciembre

floración

Planta que puede llegar a alcanzar el metro de altura, y que crece tanto cultivada como de forma espontánea, aunque es más habitual encontrarla cultivada.

El tallo es muy ramoso, circular y bastante rígido.

Las flores son de color amarillo-verde, compuestas por cinco pétalos.

Las hojas, alternas, se encuentran divididas en dos o tres folíolos menores ovalados.

El fruto consiste en una cápsula que contiene unas semillas negras.

Se trata de una planta que exhala un fuerte olor.

Antiguamente era muy utilizada como planta medicinal en nuestro entorno, para lo cual era cultivada en numerosos caseríos y casas.

Pertenece a la familia de las rutáceas.

INDICACIONES Y USOS: Es una planta tóxica por lo que se debe tener mucho cuidado al utilizarla y no excederse en las cantidades ni realizar tratamientos prolongados. No se deben emplear más 3 gramos de planta seca al día.

Las partes utilizadas son las flores y las hojas.

Está indicada en caso de hemorragias. Si se sufre de vista cansada y ojos irritados, se puede emplear como relajante. Además, agudiza la vista. Resulta muy útil realizar lavados oculares con una infusión de ruda.

En caso de llagas, úlceras, picaduras de insectos, cortes, heridas... son de gran ayuda las cataplasmas de ruda.

También ayuda a regular las hormonas y la menstruación irregular, así como a aliviar los dolores menstruales. Estimula los músculos uterinos, por lo que facilita la regulación del ciclo.

Se emplea, asimismo, para mejorar la digestión.

Puede resultar eficaz contra las lombrices.

ADVERTENCIA: Las mujeres embarazadas no deben realizar tratamientos a base de ruda, dado que se trata de una planta altamente abortiva. Tampoco se debe administrar ruda a niños. Es muy tóxica, por lo que se aconseja emplearla con mucho cuidado y durante cortos períodos de tiempo. En cualquier caso, es recomendable seguir los consejos de un experto.

RECOLECCIÓN: El período de floración de la planta va de mayo a julio. Le gustan las paredes, los bordes de los huertos, los lugares pedregosos y abruptos, los lugares soleados...

La época de recolección idónea va desde el final de la primavera hasta mediados de verano. Se puede secar al sol y conservarla todo el año en tarros.

PRINCIPIOS ACTIVOS: alcaloides, cinol, limoneno, rutina...

APLICACIONES: Se pueden realizar infusiones, aceites, macerados, emplastos, tinturas...

CATAPLASMAS DE RUDA (para heridas, llagas, cortes, picaduras...): Coger un puñado de hojas de ruda y triturarlas. Después, envolverlas y aplicarlas sobre la zona afectada. También se puede aplicar la ruda directamente. Realizar este tratamiento 2-3 veces al día. Para curar picaduras, se puede mezclar la planta con miel y realizar la misma aplicación.

PUEDE UTILIZARSE JUNTO CON LAS SIGUIENTES PLANTAS: melisa, milenrama, caléndula, romero, saúco...

A MODO DE CURIOSIDAD: Antiguamente era muy utilizada contra los piojos de los pollos. Se les hacían friegas de ruda a todos los pollos, para evitar la aparición de piojos. Los ratones, por otra parte, odian el olor de ruda, por lo que puede emplearse para ahuyentar a estos roedores.

centaura menor

Centaurium umbellatum

belarmina

Enero | Febrero | Marzo | Abril | Mayo | Junio | Julio | Agosto | Septiembre | Octubre | Noviembre | Diciembre

floración

Planta que puede alcanzar los 40-50 centímetros de altura. Es conocida, entre otros, con el nombre hiel de la tierra, porque resulta muy amarga al beber.

Las hojas del extremo superior de la planta, las que se encuentran junto a las flores, son menores que las de la parte inferior. Cuanto más arriba brotan, menores son las hojas. Nacen directamente de las ramas, es decir, carecen de peciolo. Son hojas opuestas, nacen a izquierda y derecha, una enfrente de la otra. Más arriba, junto con las hojas, tiene unas pequeñas ramas, en las que se encuentran las flores. Las hojas son de color verde claro.

El tallo es cuadrado. No se trata de una planta excesivamente ramificada, pero en la parte superior del tallo se aprecian unas pequeñas ramitas; ésa es la parte en la que nacen más flores.

Las flores son rosas, pero dependiendo de la zona, pueden ser blancas. Cada flor está compuesta por cinco pétalos y se encuentran agrupadas, formando pequeños racimos.

Se trata de una planta muy conocida en Euskal Herria, pero, según dicen, antaño era mucho más común y más utilizada. Al parecer, se está perdiendo.

Pertenece a la familia de las gencianáceas.

INDICACIONES Y USOS: Para tomarla como infusión, emplear 15-20 gramos de planta seca por litro de agua; no beber más de 3 vasos al día.

Está indicada en casos de anemia, inapetencia, debilidad, etc., ya que ayuda a abrir el apetito. Como aperitivo, tomar unas 20 gotas de tintura o infusión antes de comer.

Para combatir el dolor de estómago y los gases, como estimulante de las secreciones biliares e intestinales, para facilitar digestiones difíciles y dolorosas, tomarla también en forma de infusión. Según el caso, beber la infusión bien antes de comer o bien después de comer.

Como planta febrífuga, contra fiebres altas y persistentes, aplicar la tintura, 20 gotas.

En caso de sufrir problemas hepáticos: si el hígado está inflamado o hay piedras en el hígado, o simplemente para facilitar la función hepática, beber un par de infusiones al día.

Contra el estreñimiento, echar 10 gramos de planta seca en un vaso de agua hirviendo. Colar y beber en ayunas. Es algo laxante.

En caso de diabetes, se puede utilizar para hacer descender los niveles de azúcar en sangre, pero para este uso conviene seguir las indicaciones de un experto y no automedicarse. Hay que tomar algunas precauciones a la hora de beber infusiones de centaura menor.

Actúa como cicatrizante y antiséptico. Está indicada en casos de eccema y úlcera, aplicada en forma de cataplasma sobre las heridas realizando lavados con infusión.

Para curar úlceras bucales, se pueden hacer gárgaras con la infusión.

Antiguamente, la infusión de centaura menor se utilizaba para aclarar el color del cabello. Se preparaba una infusión fuerte y se lavaba el cabello con ella. Al lavar el pelo, se masajea bien, para esparcir el agua por todo el cuero cabello. El cabello adquiere de esta manera brillos claros.

RECOLECCIÓN: Se utiliza toda la planta, excepto las raíces. Se encuentra principalmente en lugares empinados y pedregosos, pero también puede aparecer en prados. Vive tanto en la costa como en zonas montañosas. Su período de floración va de mayo a agosto-septiembre. En esa época se puede recolectar y secar para todo el año. Para secar la planta, hay que colgarla o esparcirla. Una vez seca, se guarda en tarros o envuelta en paños, siempre en lugar oscuro y seco.

PRINCIPIOS ACTIVOS: Eritrocentaurina (sustancia amargante), genciamina, genciopricina, taninos y otras sustancias amargas.

APLICACIONES: tinturas, infusiones, vinos, polvos...

TINTURA: Dejar macerar 10 gramos de planta seca en 100 gramos de alcohol de 70 grados durante 7 días. Al cabo de ese tiempo, colar bien y guardar en un recipiente o jarra dosificada para poder contar las gotas (en el uso terapéutico, las dosis se miden en gotas).

INFUSIONES: En general, emplear 15 gramos de planta por litro de agua; hervir durante 5 minutos. No beber más de 3 vasos al día.

A MODO DE CURIOSIDAD: En la Edad Media existía la creencia de que esta planta proporcionaba protección contra brujas y demonios.

Se dice que el centauro Quirón, personaje mitológico mitad hombre mitad caballo, logró curarse la herida que Hércules le produjo en la pierna gracias a esta planta. De ahí el nombre centaurium.

indice